老有所乐

刘新华 ◎ 编著

——爷爷奶奶去哪儿

Laoyou
Suole

西南财经大学出版社

图书在版编目(CIP)数据

老有所乐:爷爷奶奶去哪儿/刘新华编著.—成都:西南财经大学
出版社,2016.7
ISBN 978 – 7 – 5504 – 2506 – 4

Ⅰ.①老… Ⅱ.①刘… Ⅲ.①旅游指南—中国 Ⅳ.①K928.9

中国版本图书馆 CIP 数据核字(2016)第 150500 号

老有所乐——爷爷奶奶去哪儿
LAOYOUSUOLE——YEYE NAINAI QUNAER

刘新华 编著

策　　划:汪涌波
责任编辑:汪涌波
助理编辑:唐一丹
装帧设计:墨创文化
责任印制:封俊川

出版发行	西南财经大学出版社(四川省成都市光华村街55号)
网　　址	http://www.bookcj.com
电子邮件	bookcj@foxmail.com
邮政编码	610074
电　　话	028 – 87353785　87352368
照　　排	四川胜翔数码印务设计有限公司
印　　刷	四川金鹏宏达印业有限公司
成品尺寸	148mm × 210mm
印　　张	8.5
字　　数	315 千字
版　　次	2016 年 7 月第 1 版
印　　次	2016 年 7 月第 1 次印刷
印　　数	1— 3000 册
书　　号	ISBN 978 – 7 – 5504 – 2506 – 4
定　　价	39.80 元

目录
CONTENTS

CONTENTS

▶ 第三章　避暑之旅

CONTENTS

▶ **第四章　访秋之旅**

CONTENTS

第五章　暖冬之旅

第一章

导 / 语

随着国民生活水平的普遍提高和闲暇时间的增多，老年人越来越喜欢在身体条件许可的情况下走出家门，到全国去看看山川美景名胜古迹，体会当地的风土民情。

希望出门旅游的老人越来越多，很多孝顺长辈的年轻人也喜欢陪着老人出去玩玩，去哪儿游、看些什么、住哪儿、吃什么美食，已成了想外出旅游的老人迫切想了解的问题。本书推荐了40条旅游线路，涵盖吃、住、行、游等大量信息，各线路均为作者亲自体验，有很强的实用性，可供老年朋友借鉴。同时，就老年人外出旅游需要注意的事项等问题，给老年朋友一些专业的建议，希望能给您的出行带来方便。

准备工作：

1. 正确认识自己的身体状况

如果是近几年来的第一次远行，建议行前给自己的身体来一次全面的检查。原有的疾病控制情况如何、有没有新的情况、有哪些注意事项，出行前最好咨询一下医生，做到对自己的身体心中有数。

旅途中最好结伴或者有家人陪伴而行。出游的老人应随身携带个人资料卡，如简单的病史介绍及家人联系电话等，一旦在途中出现病情，可减少诊断时间，及时得到医治。

2. 出发前需要带的物品

衣物：出发之前，先通过电视、手机了解旅游目的地的气候情况，根据天气、温差备足衣物及旅行日用品。有些景区的天气变化多、温差大，建议多带些轻便、保暖的衣服，便于增减和替换。

证件：带齐所需证件，如身份证、老年证等。

鞋：记得带上柔软舒适的便鞋或运动鞋，不宜穿皮鞋、新鞋，防止挤脚、起泡。

常用药品：晕车宁、感冒灵、清凉油、驱风油、保济丸、藿香正气水等易携带药物。高血压患者，勿忘带降压药；心脏欠佳者，更应携带救心丹或速效救心丸；腿脚不便的还要带上拐杖。

雨具：应带上轻便的雨伞，可遮阳、避雨。

3. 出游时间和地点的选择

老年人出游，应选好合适的时机。第一要错峰出行，避开节假日；第二要避开寒冬和酷暑。这样一方面可以节省费用，另一方面还可以避开人流高峰，让自己轻松旅行。

外出旅游最佳的时期，应该是春、秋两季，春暖花开和桂花飘香的时候是老年人旅游的黄金季节。

除了选择好出发时间之外，还要选择好旅游的目的地；除了选择自己感兴趣、没去过的地方外，还要考虑到旅游目的地的气候、地理条件、舒适度等要素。

4. 旅途中要注意的事项

第一，上了年纪的人出门旅游，住宿还是稍微讲究一些为好，以利恢复精力，更好地享受旅行的乐趣，不要单纯追求便宜。

第二，老年朋友应尽可能地多乘坐景区的索道和电瓶车，徒步会让您身心疲惫，该花的钱一定要花，这样才能有充足的精力来游玩。

第三，饮食应清淡，蔬菜、水果要多吃，以防便秘；适当补充蛋白质。多喝水，还应喝些含盐的饮料，补充体内水分，防止盐分的流失。

第四，要注意气温变化，随时增减衣物，注意保暖。另外，要做好足部保健，睡前用热水泡脚，最好做一下足底按摩。

第五，在外尽量不要单独行动，最好三人以上同行，可以互相照顾。

第六，要避免在旅行中上当受骗，原则是不贪便宜、不凑热闹。购物时需谨慎，贵重的东西最好不要买。

本书所提供的线路，都是国内游，且是以自由行的形式推荐的，也适合自驾。对于老年朋友，如果觉得自由行辛苦，可以报团旅行。也可以到一地之后，报当地的一日游这样比较省时、省力。

本书按春、夏、秋、冬四季给老年朋友推荐了多条旅游路线，供各位老年朋友按自己的喜好做出选择。

需要说明的是，本书的线路有长有短，大家可以根据自己的实际情况一次走完线路的全程或者量力而行选取其中的一段来进行游玩。

附

根据老年朋友的喜好和消费习惯，为方便您的出行本书推荐了一些商业连锁酒店，除电话预定外，还可用电脑或手机登录酒店官网预定。在书中的每个旅游景点，也向大家推荐了一些作者认为较合适的客栈、宾馆，推荐的客栈、宾馆大多数为各大旅游网站口碑较好的。

锦江之星：400-820-9999　　如家快捷酒店：400-820-3333

7天连锁酒店：400-874-0087　　宿8酒店：40018-40018

汉庭：4008-121-121　　格林豪泰：4006-998-998

预订飞机票、火车票、酒店、景点门票还可以通过携程（10106666）、去哪儿网（10101234）等网站预订。

第二章

春之旅

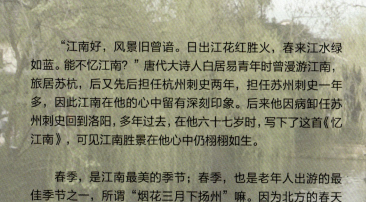

　　"江南好，风景旧曾谙。日出江花红胜火，春来江水绿如蓝。能不忆江南？"唐代大诗人白居易青年时曾漫游江南，旅居苏杭，后又先后担任杭州刺史两年，担任苏州刺史一年多，因此江南在他的心中留有深刻印象。后来他因病卸任苏州刺史回到洛阳，多年过去，在他六十七岁时，写下了这首《忆江南》，可见江南胜景在他心中仍栩栩如生。

　　春季，是江南最美的季节；春季，也是老年人出游的最佳季节之一，所谓"烟花三月下扬州"嘛。因为北方的春天来得稍晚一些，所以春季的旅游目的地介绍主要集中在长江沿线及长江以南地区。

　　各条线路的出行时间有长有短，各人可根据自身的喜好选择。可选择走完全程，也可只选取其中一段进行旅行。

　　在推荐线路的时候，按出发和回程方便，首个目的地和最后的目的地一般选择较大城市。

线路一

上海→苏州→乌镇→杭州→绍兴→宁波→舟山群岛→宁波→上海

上海

上海，长三角地区的中心，中国的金融、航运和贸易中心。城市中历史和现代化气息相互融合，交通十分便利，所以选取上海作为这次旅行的起点和终点。

推荐游玩时间 3～7 天；建议住在黄浦区或静安区。

 推荐住宿酒店

和平饭店、华尔道夫饭店、延安饭店、上海大厦、乐舒时尚酒店（上海外滩南京东路步行街店）、锦江之星（外滩滨江店、外滩店、南京路步行街店）、如家快捷酒店快捷酒店（外滩中心店、南京路步行街山西南路店）。

 推荐游玩行程

D1: 南京路→杜莎夫人蜡像馆→外滩→滨江大道→老城隍庙→豫园。

D2: 田子坊→新天地→外滩夜景（或黄浦江夜游）。

D3: 东方明珠→上海环球金融中心或上海中心大厦三选一，登高看上海全景，参观上海海洋水族馆或世博会中国馆。

老城隍庙地区的豫园，是明朝时期的私人花园，建于 1559 年，充分展现了中国古典园林的建筑与设计风格，是江南园林中的一颗明珠。

田子坊位于上海市泰康路 210 弄，充满里弄民居味道，弄堂里除了创意店铺和画廊、摄影展，最多的就是各种各样的咖啡馆。"田子坊"其名是著名画家黄永玉为这旧弄堂起的雅号。

黄浦江上的观光游船很多，外滩附近有游船码头，可以直接在码头买票，也可以通过淘宝、去哪儿网、大众点评等网站购买，会有一定的折扣。

有时间还可去上海天文博物馆、徐家汇天主教堂、中共一大会址、七宝古镇、朱家角（古镇）、周公馆、上海马戏城、上海动物园、上海人民广场、苏州河、文庙、外滩观光隧道等地游览。

上海外滩

上海老城隍庙

上海南京路

上海七宝古镇

推荐美食

　　生煎、小笼包、腌笃鲜、草头、排骨年糕、糟田螺以及上海本帮菜等，这些美食在老城隍庙和南京路都可以吃到。老城隍庙一带有很多适合购物吃饭的地方。

美食

　　绿波廊（豫园路店）、松月楼（素菜馆）、南翔馒头店（豫园路店）、上海老饭店、红房子西菜馆、老正兴菜馆、七重天老上海餐厅、小绍兴、万寿斋、兰桂坊酒家、小杨生煎、蔡记生煎、包旺锅贴、德兴面馆等。

上海→苏州

　　上海有旅游集散中心，到周边地区的班车都可以在那乘坐，当然也可以坐火车，比如从上海到苏州，坐高铁，20分钟就可达到，动车在1个小时之内也可以到达。

苏州

苏州，物华天宝，人杰地灵，享有"人间天堂""园林之城"的美名。在苏州，您可以逛园林、听评弹，尽享慢节奏的生活。

推荐游玩时间 3 ~ 4 天，建议住姑苏区。

 推荐住宿酒店

锦江之星（观前街店、人民路店、养育巷店）、如家快捷酒店（拙政园店、观前街店、平齐路店）、7天连锁酒店（拙政园店、景德路店）、南园宾馆、吴宫泛太平洋酒店等。

 推荐游玩行程

D1：拙政园→苏州博物馆→平江路。

D2：虎丘→寒山寺→山塘街。

D3：狮子林→观前街。

D4：网师园→十全街。

拙政园建成至今已有 500 多年历史，是苏州现存最大的古典园林，是江南古典园林的代表作品。

苏东坡曾说"到苏州不游虎丘，乃憾事也"，可见虎丘的重要。虎丘有以云岩寺塔和剑池为代表的十八景。

留园、盘门、金鸡湖、苏州海洋馆、护城河、太湖湿地公园、木渎古镇、用直古镇可以一游，苏州周边的同里和周庄两个水乡也很值得去看看。

 美食

苏帮名菜：碧螺虾仁、笋腌鲜、西瓜鸡、白汁鼋菜、鲃肺汤、松鼠桂鱼、叫花鸡、莼菜氽塘片、太湖三白、母油鸡、青鱼甩水、翡翠虾斗、荷花集锦炖等。

小吃：各种苏式糕点、蜜汁豆腐干、松子糖、玫瑰瓜子、虾子酱油、枣泥麻饼、猪油年糕、采芝斋糖果、生煎、苏式鲜肉月饼、糖粥、咸豆浆、肉馅汤团，还有鸡头米、马蹄、水芹等水八仙菜，还有很多苏式面馆，如同得兴（枫镇大肉面）、琼琳阁面庄（蜜汁肉排面）、裕兴记面馆（两面黄）、陆长兴（爆鱼面）等。

这些美食，在观前街、十全街、学士街、蒋干路、太监弄、嘉馀坊、凤凰街等地都可以品尝到。

👍 老字号餐馆推荐

得月楼、松鹤楼、黄天源（糕点）、陆稿荐等。

苏州虎丘公园

苏州平江路

苏州狮子林

👍 苏州→乌镇

在苏州北广场汽车站或苏州南站汽车站搭乘到乌镇的班车，车程 1 小时。

乌镇

乌镇，中国六大江南水乡古镇之一，整个景区分东栅和西栅两部分，东栅保留了古镇原居民的民居和作坊，西栅恢复了往日的水乡风貌和格局。

推荐游玩时间2天，建议住在景区内，东栅和西栅均可。

推荐住宿酒店

如住景区外，可住如家快捷酒店等酒店；如住景区内，推荐枕水酒店；东栅、西栅都有一些民居，可以住宿。旺季需要预定。

推荐游玩行程

乌镇并不大，东栅和西栅各安排一天，可以顺着河两岸慢慢逛。

D1: 逢源双桥→江南百床馆→宏源泰染坊→茅盾故居→乌镇古戏台等。

D2: 三寸金莲馆→乌镇老邮局→乌镇大戏院→白莲塔寺→灵水居→茅盾纪念馆→安渡坊。

美食

红烧羊肉、白水鱼、姑嫂饼、定胜糕等。

河边有一些民居对外提供餐饭，座位都是靠河临窗，但因为座数有限，吃饭得赶早。

乌镇→杭州

从乌镇搭乘到杭州（客运中心站）的班车，车程1.5小时。

枕水民居　　乌镇茶楼

石桥　　老街

乌镇夜色

杭州

杭州，中国七大古都之一，具有悠久的历史，也是中国最著名的风景旅游城市之一，被誉为"人间天堂"。

推荐游玩时间：3 ~ 4 天，建议住上城区靠近西湖的地方。

 推荐住宿酒店

锦江之星（湖滨店、西湖大道店）、如家快捷酒店（西湖店、延安路店、解放路湖滨银泰店）、7 天连锁酒店（西湖湖滨店）、仁和饭店、新侨饭店等。

 推荐游玩行程

D1： 飞来峰→灵隐寺→河坊街。

D2： 西湖乘船→小瀛洲、湖心亭→岳王庙→断桥→白堤→西湖音乐喷泉。

D3： 龙井村→虎跑泉→雷峰塔。

D4： 西溪湿地→西湖。

飞来峰在其岩洞与沿溪的峭壁上共刻有五代、宋、元时期的摩崖造像 345 尊，其中尤以元代藏传佛教（喇嘛教）造像最为珍贵，堪称中国石窟造像艺术中的瑰宝，是江南少见的古代石窟艺术瑰宝，可与重庆的大足石刻媲美。

西湖东岸可通往湖心小瀛洲的游船码头有两个，分别在南山路御碑亭附近的湖边和苏堤南段、花港观鱼公园东大门。

六和塔、钱塘江大桥、宋城、净慈寺、保俶塔、京杭大运河游船夜游或钱塘江游船夜游等也很值得游玩。

 美食

著名杭菜有东坡肉、西湖醋鱼、叫花鸡、西湖莼菜汤、宋嫂鱼羹、杭州酱鸭等。
小吃有吴山酥油饼、金华酥饼、虾爆鳝面，幸福双点心、丁莲芳千张包子等。

推荐老字号餐馆

楼外楼、天外天、天香楼、知味观、状元馆、外婆家等。

河坊街是杭州著名的小吃一条街，不长的街道上有不少传统的小吃摊，售卖定胜糕、葱包桧、臭豆腐、油酥饼、猫耳朵、片儿川、油墩儿、定胜糕、虾爆鳝面、酱鸭、酱肉、咸肉蒸河虾、咸肉蒸湖蟹药膳等美食。

其他的美食场所还有胜利河美食街、吴山广场高银街等。

杭州断桥

杭州六和塔

杭州虎跑泉

杭州→绍兴

从杭州到绍兴坐动车很方便，20多分钟就可以到达，可在杭州东站上车。

鲁迅故里

绍兴

绍兴，历史名城，宜居城市。人杰地灵、环境优美。

推荐游玩时间：1～2天，建议住越城区。

推荐住宿酒店

如家快捷酒店（城市广场店）、锦江之星胜利路店、咸亨酒店、新亚都大酒店等。

推荐游玩行程

D1： 咸亨酒店→百草园→三味书屋→鲁迅纪念馆→鲁迅故里。

D2： 兰亭→沈园。

兰亭位于绍兴市西南 14 公里处的兰渚山下，是东晋著名书法家王羲之的寄居处，相传春秋时越王勾践曾在此植兰，汉时设驿亭，故名兰亭。

还可以去安昌古镇、东湖、柯岩（鲁镇）、周恩来祖居、诸暨、新昌大佛寺、上虞曹娥庙等地游玩。

美食

梅干菜扣肉、银丝响铃、臭豆腐、茴香豆、醉鸡、醉虾、鲞冻肉、珍珠文武鱼、酱爆螺蛳、虾油浸鸡、银丝响铃、白鲞扣鸡、芋饺、霉苋菜梗、奶油小攀、酒浸枣子、蜜仁糕、绍兴香糕等。

推荐餐馆

绍兴咸亨酒店、寻宝记（状元楼）、同心楼等。

绍兴→宁波

从绍兴到宁波可以乘火车，搭乘动车一个小时可到，高铁半小时可到。

宁波

宁波东钱湖

宁波，枕山臂海，历史悠久，人文积淀丰厚，属于典型的江南水乡兼海港城市。

推荐游玩时间：1～2天， 建议住海曙区内三江口一带，靠近天一广场及城隍庙为最佳。

推荐住宿酒店

如家快捷酒店（天一广场鼓楼店、城隍庙月湖店）、锦江之星天一广场开明街店、7天连锁酒店（天一广场店、凯洲皇冠假日酒店、永耀大酒店）等。

推荐游玩行程

D1： 鼓楼→天一阁→月湖→南塘老街。

D2： 城隍庙→天一广场→老外滩。

鼓楼是宁波市唯一仅存的古城楼遗址，至今已有1100多年的历史。可免费登楼，鼓楼的东面是永丰库遗址，西面是天宁寺塔，南面是美丽的月湖公园。鼓楼晚上有灯光秀，旁边是步行街。

有时间还可以去梁祝文化公园、七塔寺、庆安会馆、东钱湖（小普陀）、慈城等地一游。

美食

著名的甬帮菜有冰糖甲鱼、宁波臭三拼、锅烧河鳗、火踵全鸡、苔菜小方块、雪菜大黄鱼、腐皮包黄鱼等。小吃有宁波汤圆、年糕、锅贴米线、猪油汤团、三北豆酥糖、三北藕丝糖等。这些美食在南塘老街、城隍庙、天一广场都可吃到。

推荐餐馆

缸鸭狗、贴阁碧、状元楼酒店、东福园饭店等。

宁波→舟山

宁波到舟山可坐从宁波汽车站（火车站旁边）或北站到沈家门普陀汽车站的班车，每15分钟一班。也可先坐车到码头（宁波的白峰码头到舟山的鸭蛋山码头）坐船再转车到沈家门。

舟山群岛

舟山东极岛

舟山群岛

舟山，素有"东海鱼仓"和"祖国渔都"之美称，是全国唯一以群岛设市的地级行政区划。其中的普陀山是中国佛教四大名山之一，是观世音菩萨教化众生的道场。

推荐游玩时间：2～5天，建议住在沈家门（海鲜排挡就在沈家门）。

推荐住宿酒店

沈家门大酒店、格林豪泰沈家门东海中路店、汉庭东海中路店等。

其他岛屿如普陀山、朱家尖、桃花岛上也有家庭旅馆。

推荐游玩行程

D1 ～ D2: 普陀山（南海观音→百步沙→普济寺→后寺）→千步沙→佛顶山（有索道），各种寺庙还有西天门景区、朝阳洞、大乘庵等景点。

D3: 桃花岛。

时间充裕的话还可以去定海古城、朱家尖、大青山、东极岛、乌石塘等地游玩。

美食

各种海鲜及寺庙的素食。

推荐餐馆

沈家门海鲜大排挡、慧济寺斋饭 、普济寺素斋 、法雨寺斋饭等。

舟山→上海

从舟山可直接坐车到上海（沈家门普陀汽车站）；也可以坐车（舟山定海汽车客运中心、半升洞汽车站）或坐船（鸭蛋山码头、定海港、沈家门半身洞客运码头）回宁波，然后坐火车或汽车到上海。

本条线路结束，游客可以在上海选乘交通工具回家。

线路二

南京→扬州→镇江→无锡→苏州→周庄→苏州→上海

南京

南京，六朝古都、十朝都会，值得一游。

推荐游玩时间：2～3天，建议住玄武区或秦淮区、新街口至张府园近地铁站处为佳。

推荐住宿酒店

金陵饭店、绿地洲际酒店（格林豪泰新街口地铁站店）、如家快捷酒店（明瓦廊店、锦江之星新街口店）、7天连锁酒店（大行宫地铁站店）。

推荐游玩行程

D1： 钟山风景区：中山陵→明孝陵。

D2： 总统府→夫子庙→秦淮河。

D3： 侵华日军南京大屠杀遇难同胞纪念馆→玄武湖→明城墙公园→鸡鸣寺。

中山陵和头陀岭景区紫金山乘缆车处（可去天文台）之间有观光车联通。

秦淮河观光区和夫子庙景区相连，可下午逛夫子庙，晚上游秦淮河。流入城里的内秦淮河东西水关之间的河段，素有"十里秦淮""六朝金粉"之誉，可以在夫子庙乘船游览，夜游更有一番情趣。

有时间还可以去老门东、雨花台革命烈士陵园、莫愁湖、紫金山天文台、阅江楼、朝天宫、甘熙宅第、大报恩寺、汤山温泉、南京博物院、南京长江大桥、南湖公园、中山陵音乐台、古林公园、栖霞山等地游玩。

美食

美食有盐水鸭、鸭血粉丝汤、秦淮八绝、糖醋松鼠鱼、菊花干贝、奶汁凤尾笋、松子酿方肉、虾黄酿鱼翅、金陵烤鸭、板鸭、芦香酥肉角、半月花酥、松子鸭肉饼等。

在夫子庙、狮子桥步行街、三牌楼大街等小吃街均可以品尝到。

推荐餐馆

金陵春酒楼、绿柳居、马祥兴、永和园、奇芳阁、蒋有记、韩复兴等。

南京→扬州

从南京到扬州可乘坐火车或汽车，车程约 1.5 小时。

中山陵

古城墙

夫子庙

总统府

扬州

"烟花三月下扬州"，扬州乃春季出行的首选之地。

推荐游玩时间：1 ～ 2 天，建议住广陵区文昌阁附近或瘦西湖风景区附近。

 推荐住宿酒店

西园饭店、小盘谷酒店（莫泰瘦西湖汶河路店）、如家快捷酒店（瘦西湖文昌阁店、汉庭文昌阁店、）7 天连锁酒店（东关街个园店）等。

 推荐游玩行程

D1： 瘦西湖→个园→东关街。

D2： 文昌阁→何园→古运河。

瘦西湖园林群在清代康乾时期即已形成基本格局，有"园林之盛，甲于天下"之誉。瘦西湖景区现有冶春园、绿杨村、叶园、长春岭、琴室、木樨书屋、棋室、月观、梅岭春深、湖上草堂、绿荫馆、吹台、二十四桥景区等景点。

有时间还可以去大明寺、茱萸湾、扬州博物馆、扬州金华城、朱自清故居游玩。

 美食

蟹粉狮子头、拆烩鲢鱼头、扒烧整猪头、翡翠烧卖、大煮干丝、千层油糕、三丁包子、扬州炒饭等。

这些美食可以在文昌中路、广陵路、四望亭路美食街品尝到。

 推荐餐馆

蒋家桥、富春茶楼和冶春茶社、六必居等。

 扬州→镇江

从扬州到镇江可乘坐班车，车程 1 小时左右。

扬州个园

扬州瘦西湖

镇江焦山

镇江西津古渡

镇江

镇江，鱼米之乡，长江和京杭大运河交汇于此。其北固山有"天下第一江山"美誉。

推荐游玩时间：1~2天，建议住大市口和火车站一带。

推荐住宿酒店

镇江国际饭店、九华锦江国际饭店、汉庭大市口店、火车站北广场店、如家快捷酒店（大市口解放路店、火车站店）、格林豪泰大市口店、全季酒店火车站店等。

推荐游玩行程

D1： 金山寺→西津渡→镇江博物馆。

D2： 焦山→北固山。

西津古渡是一条有着千年历史的古街。它原为古渡口，后因江水位置的变化，逐渐形成道路，古老的渡口边就再也看不到长江水。唐宋名家如李白、孟浩然、王安石等都曾在此候船待渡。古街全长虽仅500米，但有很多唐宋元明清时代的建筑，是一座天然的历史博物馆。

焦山是万里长江中唯一一座四面环水，可供游人观光探幽的岛屿。

有时间还可到南山、茅山、宝华山等地游览。

美食

"三鱼"（鲥鱼、刀鱼、鮰鱼）"三怪"（肴肉、香醋、锅盖面）、蟹黄汤包、拆烩鲢鱼头、清炖蟹肉狮子头、百花酒焖肉等。

这些美食在老字号宴春酒楼、金山之侧的"江鲜一条街"大市口美食夜市等地均可以品尝到。

推荐餐馆

宴春酒楼、金山大酒店、西津渡八分饱、锅盖面品鉴馆等。

镇江→无锡

从镇江到无锡可乘坐火车或汽车；也可坐高铁，1小时车程。

019

无锡

无锡，被誉为"太湖明珠"，素有"小上海"之称。

推荐游玩时间：2～3天，建议住火车站附近或太湖沿岸。

推荐住宿酒店

君来湖滨饭店、日航饭店、7天连锁酒店（火车站店）、锦江之星（火车站店）等。

推荐游玩行程

D1： 灵山→龙头渚。

D2： 鼋头渚→蠡园。

D3： 南禅寺→南长街。

鼋头渚是横卧太湖西北岸的一个半岛，因巨石突入湖中形状酷似神龟昂首而得名，为太湖风景的精华所在，故有"太湖第一名胜"之称。

有时间还可以去惠山古镇、东林书院、三国城、锡惠公园、崇安寺步行街、无锡博物馆等地游玩。

美食

无锡三白、无锡小笼、三鲜馄饨、酱排骨、油面筋、腐乳肉、海棠糕、脆皮银鱼、酒酿丸子等。

这些美食可以在惠安寺小吃集散地品尝到。

推荐餐馆

三凤桥、拱北楼、天福苑、西新饭店等。

无锡→苏州

从无锡到苏州，搭乘火车、汽车都很方便。

无锡梅园念劬塔

无锡南长街古运河

无锡鼋头渚

苏州

（见探春之旅线路一）

苏州到周庄的班车约 1 小时车程。汽车南站、汽车北站、吴江均可上车。

苏州寒山寺

苏州山塘街

苏州拙政园

周庄

周庄，位于苏州昆山市，享有"中国第一水乡"之誉。

推荐游玩时间：1天，可当天返回苏州。

 推荐住宿酒店

周庄云亭山庄、周庄宾馆、民居客栈等。

 推荐游玩景点

周庄博物馆、双桥、张厅、沈厅 、澄虚道院 、全福讲寺、叶楚伧故居等。
双桥因出现在著名画家陈逸飞的油画《故乡的回忆》中而闻名世界。
周庄还有南湖、贞丰桥、棋院等景点。

 美食

万三蹄、万三糕、阿婆茶、阿婆菜、三味圆、莼菜等。

 苏州→上海

从苏州到上海乘高铁、动车都很方便。

周庄双桥

周庄民居

周庄游船

周庄沈厅厨房

周庄

（见探春之旅线路一）

本条线路到此结束，游客可以在上海选乘交通工具回家。

线路三

杭州→桐庐→淳安→千岛湖→杭州

游览这条线路的最好时机是春季油菜花盛开的时候。

杭州

（见探春之旅线路一）

杭州岳王庙

杭州灵隐寺飞来峰

杭州保俶塔

杭州→桐庐

从杭州到桐庐县城有班车，在汽车南站、西站均可乘坐。

桐庐富春江   桐庐富春江

桐庐，隶属杭州市，富春江斜贯县境，境内分布的石灰岩溶洞有20多个，被称为"溶洞王国"。

推荐游玩时间：2天，建议住县城。

推荐住宿酒店

桐庐文其国际酒店、如家快捷酒店富春路店、萧商宾馆等。

推荐游玩景点

D1：瑶琳仙境、垂云通天河。

D2：坐船游览富春江小三峡。

瑶琳仙境，又名瑶琳洞，是喀斯特洞穴的典型代表，画家叶浅予夸它是"中国少有，世界罕见"。垂云通天河是一条岩溶地下暗河，景区内既可泛舟听胜，亦可探幽猎奇。

每年的3月22日，桐庐山花节开幕。

桐庐其他景点还有女儿村民俗文化园、大奇山国家森林公园、严子陵钓台、桐君山（七里扬帆）、白云源（避暑）、巴比松庄园（5月中旬赏薰衣草）等。

美食

桐庐酱肉方、桐江鳜鱼、茶香鸡、桐江鱼韵等。

推荐餐馆

金乐饭店、娘家饭店、跑台山农家乐等。

桐庐→淳安

从桐庐到淳安可坐班车，从桐庐汽车站发车。

淳安

淳安是从浙江进入千岛湖游览的门户，旅游设施完备。

推荐游玩时间：1天，住宿推荐千岛湖边的酒店。

推荐住宿酒店

千岛湖润和建国度假酒店、如家快捷酒店（千岛湖新安东路店）、汉庭怡莱千岛湖度假店、千岛湖阳光水岸度假公寓等。

推荐游玩景点

千岛湖森林氧吧等。另外，这里有许多漂流项目，老年人也可以选择水势平缓的漂流项目，又是另一种乐趣。在湖边散步也不错。

还可在码头坐船游览千岛湖全景。

淳安游船码头

千岛湖

千岛湖

千岛湖，即新安江水库，是世界上岛屿最多的湖。

推荐游玩时间：1天。

推荐游玩景点

梅峰观岛（A线）→黄山尖（C线）→猴岛→鸟岛，等等。

坐船游览千岛湖有多条线路，推荐包括梅峰观岛的线路。

千岛湖湖区分为中心湖区和东南湖区，中心湖区主要游玩 A、B 两线，在中心湖区旅游码头下湖；东南湖区游玩 C 线，在西园旅游码头下湖。

另外，游船的品种很多，有大船、小船、快艇等。建议老年人选坐大船，最好是那种既能到对岸的安徽深渡镇，又可以游览的船。

美食

千岛湖胖头鱼鱼头、河虾等。

推荐餐馆

万客来食府、北大荒酒店、金风农庄等。

淳安→杭州

游完千岛湖，回淳安，当天坐班车到杭州，共计 2 小时车程。

也可以坐船到对岸的安徽深渡镇后下船，坐车到安徽的歙县、黄山继续游玩。

杭州

（见探春之旅线路一）

这条线路到此结束，游客可以在杭州选乘交通工具回家。

线路四

黄山市（屯溪）→黄山→宏村、西递→呈坎村→歙县→石潭→绩溪→黄山市

黄山市市区在屯溪原有的基础上建设而成的。到黄山市可坐飞机、火车或汽车。黄山市区有旅游集散中心，可以买到当天去往周围各个景区的车票。

推荐游玩时间：1天，建议住黄山市屯溪老街或火车站附近。

屯溪老街等。

黄山天都假日酒店、7天连锁酒店（黄山老街店、火车站店）、如家快捷酒店（新街店）、易佰连锁酒店、黄山溪街庭院住宿。其他建议去黄山旅游，也可以住到黄山脚下的汤口镇，那里的旅游设施也比较完备。

黄山市周边的旅客，也可直接乘坐到汤口的班车。

汤口住宿推荐：汤泉大酒店、1314客栈、黄山醉享主题酒店、7天连锁酒店（黄山景区店）等。

蟹壳黄、徽墨酥、毛豆腐、臭桂鱼等。

老街第一楼、椿源徽菜馆、美食人家、老妈土菜馆等。

从屯溪到黄山风景区（慈光阁或云谷寺）可以坐屯溪到太平的班车，也可以包车前往。

北海景区

丞相观棋

黄山

"五岳归来不看山，黄山归来不看岳。"这句话名副其实。

上黄山，有多条路径，徒步可分别从南面（也是正门，慈光阁）、东面（云谷寺）、北面（芙蓉岭）和西面（钓桥庵）上山，而索道则有三处，分别为慈光阁、云谷寺和太平索道。建议老年人坐缆车上下山。

推荐游玩时间：2 ~ 3天，可考虑在山上小住 1 ~ 2 晚。

 推荐住宿宾馆

白云宾馆、狮林大酒店、北海宾馆，西海饭店。

 推荐游玩路线

D1: 云谷寺（索道）→白鹅岭→观音峰→始信峰→北海宾馆→狮子峰（猴子观海）→飞来石→排云亭（午餐）→西海大峡谷→步仙桥→海心亭→光明顶（日落），宿光明顶或天海附近。

D2: 光明顶（日出）→鳌鱼峰→百步云梯→莲花峰 （莲花峰和天都峰分别隔年开放）→玉屏楼→天都峰→玉屏楼索道→慈光阁。

如果是在山上住两晚，就在北海和天海各住一晚。

另外，西海大峡谷景色很美，但游览全程需要 4 ~ 5 个小时，可根据自己的体力情况做出选择。登天都峰或莲花峰要根据自己的体力量力而行，注意安全。

山上食物很贵，如果体力好，可以适当带点食品。

黄山地区的毛峰茶比较有名。

 黄山→西递、宏村

从黄山市（屯溪）到西递、宏村，可在黄山旅游集散中心乘车；也可到屯溪汽车站坐到黟县的班车，再在车站内转到景区的公交车。

宏村
西递

西递和宏村都在安徽黟县境内，因其保存良好的传统风貌被列入世界文化遗产，是安徽南部民居中最具有代表性的两座古村落。

推荐游玩时间：2 ～ 3 天，两个村子内外都有住宿。

 宏村住宿推荐

桃源堂、古舍古巷客栈、牛头客栈、月塘人家客栈、悠然居精品客栈。

 西递住宿推荐

尚德堂客栈、茗居驿栈、堪画客栈等。

 推荐游玩路线

村里有推荐的游览路线，按顺序逛就行。宏村的月沼最经典，西递的民居最能体现徽派的建筑特色。

西递和宏村之间有班车相通，也可以先回黟县县城再转车。黟县境内还有卢村、塔川、南屏等古村落，如有时间也可以前往参观。

 美食

毛豆腐、豆腐干、石头馃、腌鲜鳜鱼、腐乳爆肉、腌火腿等。村里客栈一般都提供饮食。

 交通

从西递、宏村到呈坎村没有直达的车，需先坐车到黟县县城，再坐车到徽州区（岩寺），岩寺北站有到呈坎村的车；也可以先回屯溪，在市旅游集散中心坐旅游专车或先乘班车到黟县然后转车前往。

宏村月沼

宏村月沼

宏村南湖

卢村思诚堂

西递牌坊

卢村木雕楼

老有所乐
——爷爷奶奶去哪儿

呈坎村民居

呈坎

呈坎村，著名的八卦村，可谓自然风光与徽派文化艺术相结合的典范，有"呈坎民居甲天下"之誉。整个村子井然有序，号称"三街九十九巷"，保存有清代民居200余幢、明代民居30余幢。

推荐游玩时间：1～2天，综合考虑建议住村内民居客栈，如首善官邸客栈等。

推荐游玩路线

景区内有推荐的游览线路，主要景点包括宝纶阁、隆兴桥、燕翼堂、罗润坤宅等。值得一提的是罗东舒祠中的宝纶阁，制作相当精美，是明代古建筑的一绝。

呈坎的街巷很别致，个人感觉很有韵味。登上后面的山上可以俯拍呈坎村的全景。

美食

各种春笋、豆腐干、毛豆腐等。

呈坎→徽州

从呈坎坐车回徽州区（岩寺），从北站到岩寺汽车站，在路边等屯溪到歙县的班车，可到歙县县城。

呈坎村望龙桥

呈坎村全景

安徽歙县许国石坊

歙县渔梁坝

歙县阳产村土楼

歙县棠樾牌坊群

歙县

歙县是国家历史文化名城，历史悠久，素有"东南邹鲁"、"文化之邦"之美誉，是徽文化的重要发祥地和徽商的起源之处，是文房四宝之徽墨、歙砚的主要产地。

推荐游玩时间：1 ~ 2天，建议住县城，古城内外都行。

推荐住宿酒店

九月徽州客栈、徽州府衙商务宾馆等。

推荐游玩路线

D1：徽州古城→棠樾牌坊群、渔梁坝。

D2：新安江十里画廊：坐公交到坑口，沿新安江往彰潭和绵潭方向徒步，这一带号称"十里画廊"，是新安江最美的地方，尤其是春季油菜花开的时节。可根据自己的体力情况，决定徒步距离。

如果从深渡镇开始进入景区，需收费50元。

也可坐游船观赏沿岸风光，船票加上漳潭门票共计118元。

徽州古城内有国内数一数二的牌楼——许国石坊。棠樾牌坊群由七个牌坊组成，附近有鲍家祠堂，其中的女祠很有特点。县城郊外的渔梁坝是古代的一个水利工程，有"江南第一都江堰"的美称。

如果有时间还可以去歙县阳产村等地游玩。

歙县美食

除了前面介绍的徽州菜外，还有徽州火腿、花菇石鸡等。

推荐餐馆

披云徽府菜馆、宰相故里、徽苑一楼等。

歙县→霞坑→石潭

从歙县县城坐班车到霞坑，再转车到石潭村，共计1小时车程。

石潭

石潭是歙县霞坑镇的一个村，地处高山之中，却有江南风味。春暖花开时节，漫步乡间小路，看山间鲜花盛开，感觉很美妙。

推荐游玩时间：1～2天，建议住北山村的客栈。

 推荐游玩路线

参观石潭村；北山村步行到下汰村，欣赏沿路风景。下汰 第一、二、三摄影台是拍摄的最佳地点。

 美食

农家菜。

 石潭→绩溪

从石潭到绩溪，可以先坐班车到歙县县城，再坐班车到绩溪；也可以包车前往；两地距离不是很远。

石潭昌源河大捌拐

绩溪是徽商的故里，是徽菜、徽墨、徽剧的发源地，素有"徽厨之乡""徽墨之乡""蚕桑之乡"之称。

推荐游玩时间：1～2天，建议住县城。

推荐住宿酒店

绩溪宾馆、金翠宾馆等。

推荐游玩路线

D1： 龙川景区（坑口）→太极湖村。

D2： 徽杭古道（徒步）。

龙川是胡锦涛的故乡，龙川景区有胡氏祠堂，太极湖村有胡氏祖坟。可先从县城坐车到湖村，然后回头到龙川景区。

美食

胡适一品锅、笋焖饭、十碗八、绩溪菜糕、绩溪挞果、冬瓜包、苞芦松等。

推荐餐馆

红泥美食坊、劳模大酒店等。

绩溪→黄山

从绩溪回黄山市，结束本次旅程，选乘交通工具回家。

如果意犹未尽，可以前往婺源（见探春之旅线路五）或杭州（见探春之旅线路一）继续旅行。

徽杭古道

龙川奕世尚书坊

线路五

南昌→龙虎山→三清山→婺源→黄山市

南昌滕王阁

南昌滕王阁

南昌佑民寺

南昌

南昌，江西省省会，有"东方水城"的美誉，也是中国人民解放军的诞生地。

推荐游玩时间：1～2天，建议住八一广场或滕王阁附近。

推荐住宿酒店

凯莱大饭店、莫泰滕王阁店、如家快捷酒店八一广场省政府店、汉庭叠山路店、红谷滩香榭丽酒店公寓。

推荐游玩路线

滕王阁→佑民寺→百花洲→八一起义纪念馆→八一广场。

滕王阁，江南三大名楼之首，南方现存唯一的皇家建筑。它位于市内赣江东岸，始建于唐朝永徽四年，现在的滕王阁主阁落成于1989年。

如果还有时间，可去绳金塔、艾溪湖湿地、郊区的梅岭、鄱阳湖游玩。

美食

瓦罐汤、酿冬瓜圈、三杯狗肉、三杯脚鱼、赣味乳狗肉、蒌蒿炒腊肉、匡庐石鸡腿、南昌米粉、白糖糕等。

推荐餐馆

好味坊、金台酒楼、川锅一号等。南昌的小吃街在大顺巷百盛百货后面，离八一公园不远。

南昌→龙虎山

从南昌到龙虎山可坐班车，也可以从九江、黄山市、景德镇坐车到龙虎山。

龙虎山拥有典型的丹霞地貌，是中国道教发祥地，是中国第八处世界自然遗产、世界地质公园。景区的空气负离子含量超过正常值 15 倍，是国内景点中名列前茅的天然氧吧。

推荐游玩时间：1 天，建议住鹰潭市距火车站近的酒店或景区附近。

推荐住宿酒店

鹰潭天裕豪生大酒店、汉庭火车站店、锦江之星火车站店。

推荐游玩路线

象鼻山东门→象鼻山西门→无蚊村→正一观→上清古镇，坐车返回正一观景区竹筏码头，乘竹筏漂流到仙女岩，摆渡到对岸再坐观光车回大门口。

美食

上清豆腐、天师板栗土鸡、泸溪活鱼。

鹰潭→三清山

从鹰潭坐火车（高铁半小时车程）到玉山县城；或坐汽车到上饶市转车到玉山县城，在玉山新汽车站乘车到三清山，车站每 40 分钟有一趟班车到三清山景区，可分别到三清山东部（金沙服务区）和南部。

龙虎山

龙虎山之栈道

龙虎山之悬棺

龙虎山之象鼻山

三清山

三清山风景秀美，同时又是道教名山，被称为"江南第一仙山"，有"小黄山"的美誉。奇松、怪石、云海、雾凇，是三清山最为吸引人的四大奇景，后两者更容易在春季出现。还有一大看点就是三清山杜鹃花，是春游三清山必看的景色。花季在四五月份。

推荐游玩时间：1天，建议住山下或山上（景区内）。春季时，山上的房源非常紧张，所以最好在团购网提前进行预订。

 推荐住宿酒店

风景区外（金沙服务区）推荐三清园酒店、金沙湾假日酒店、时尚雅舍等；山上推荐日上山庄。

 推荐游玩路线

从东部乘索道上山，路线为：巨蟒峰→往右禹皇顶→阳光海岸景区→三清宫景区（可选择去或不去）→西海岸景区→南清园景区（日上山庄→一线天→玉女开怀→玉台→杜鹃林→女神峰），返回从东部索道下山。如果住山上，可在玉台看日出。

山上食物很贵，建议自带少量干粮。

 三清山→婺源

从三清山到婺源县城没有班车，但是玉山县城和上饶到婺源的班车会经过三清山，乘车地点是三清山东部金沙服务区，每天三班，时间分别是：8：50、14：20、18：20。也可以从九江、黄山市、景德镇坐车到婺源。

如人多也可从三清山包车前往婺源，4～7座车大约200元的包车费。

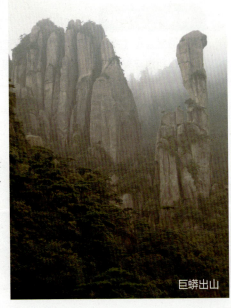

巨蟒出山

婺源

婺源，属古徽州地界，后划归江西省管辖，被誉为"中国最美的乡村"，春季油菜花开时，更是迷人。

推荐游玩时间：2～3天，建议住景区内或婺源县城。

推荐住宿酒店

婺源国际大酒店、婺源宾馆、五悦景区连锁酒店（婺源店）。

推荐游玩路线

D1： 月亮湾→李坑→汪口→江湾→上下晓起→江岭（宿江岭或回县城）。

D2： 思溪延村→彩虹桥→大鄣山（卧龙谷）→理坑（宿理坑或回县城）。

理坑应该是婺源老建筑保存比较完好，最能体现徽派建筑风格的一个村子。但它不在婺源景区联票范围内，需单独购票。

还可以去从溪玩漂流，庆源、严田、菊径、石城等地也值得游玩。

美食

荷包红鲤、酒糟鱼、糊豆腐、蒸汽糕等。

婺源→黄山

从婺源到黄山（屯溪）可在婺源汽车站坐班车，每天四班，时间分别是8：20、13：20、15：40、16：35，大概两小时车程。

婺源彩虹桥

婺源江湾萧江宗祠

婺源思溪延村

婺源理坑

婺源理坑

婺源石城

婺源菊径

黄山市

（见探春之旅线路三）

这条旅游线路到此结束，游客可以从黄山市选乘交通工具回家。

线路六

岳阳→长沙→韶山→衡山→井冈山→南昌

岳阳

岳阳，中国著名的历史文化名城之一，因岳阳楼而闻名于世。

推荐游玩时间：1 天，建议住市区近洞庭湖处。

推荐住宿酒店

格兰云天大酒店、华瑞丹枫建国饭店、锦江之星火车站店、7 天连锁酒店岳阳楼景区店、速 8 酒店步行街店。

推荐游玩路线

岳阳楼→洞庭湖→君山。

君山，洞庭湖中的一个小岛，与千古名楼岳阳楼遥遥相对，被"道书"列为天下第十一福地。岛上有包括二妃墓、柳毅井等众多古迹，还有斑竹等名竹，中国十大名茶之一的君山银针就产自这里。

有时间还可去离岳阳不远的汨罗，游汨罗江，看屈子祠。

美食

回头鱼、巴陵全鱼宴、虾饼。

岳阳→长沙

从岳阳到长沙可坐火车或班车。

岳阳君山月老宫

岳阳君山柳毅井

岳阳君山洞庭庙

湖南长沙太平老街

湖南长沙火宫殿

长沙

长沙，湖南省省会，楚汉名城，湘楚文化的发源地，因湘绣和湘菜而声名远扬。

推荐游玩时间：2天，建议住芙蓉区。

推荐住宿酒店

中国城戴斯酒店、皇冠假日酒店、新高原红酒店、如家快捷酒店景江东方店、锦江之星五一广场店。

推荐游玩路线

D1： 岳麓书院→岳麓山→橘子洲。

D2： 马王堆汉墓→太平老街→贾谊故居→火宫殿。

火宫殿是长沙市的著名特色景点，总店位于毗邻太平老街的坡子街，也是一家驰名中外的"中华老字号"企业，是长沙乃至湖南的集民俗文化、宗教文化、饮食文化于一体的具有代表性的大众场所。火宫殿的臭豆腐曾得到毛泽东的称赞。

如有时间，还可以去黄兴路步行街、湖南省博物馆、湘绣博物馆、天心阁、湖南第一师范学院、烈士公园、长沙世界之窗、杜甫江阁等地游览。

美食

百鸟朝凤、三层套鸡、剁椒鱼头、毛氏红烧肉、臭豆腐、口味虾、龙脂猪血、糖油粑粑等。这些美味可以在南门口、火宫殿等地吃到。

推荐餐馆

火宫殿、玉楼东、杨裕兴。

长沙→韶山

从长沙到韶山可坐火车和班车前往。

韶山烈士陵园

毛主席铜像广场　韶山

韶山，一代伟人毛泽东的故乡，红色旅游必去景点之一。

推荐游玩时间：1天。

推荐游玩路线

毛泽东故居→韶峰山→滴水洞。
火车站有专线车到毛泽东故居，2公里路程。

美食

毛氏红烧肉等。

韶山→衡山

从韶山到衡山，可坐班车到衡阳然后转车去衡山；也可在韶山坐车到株洲，转火车或高铁到衡山。

如果乘普通列车，到衡阳火车站下车后，再坐衡阳火车站到南岳的公交车到达南岳衡山风景区。衡阳中心汽车站有汽车直达南岳汽车站。

如果乘高铁，可直达南岳衡山，在衡阳东或者衡山西（衡山西更近）下车，再坐衡阳中心汽车站、王江汽车站至南岳的旅游专线车。

衡山

衡山日出

衡山，位于衡阳市南岳区，五岳中的南岳，风景秀美。

推荐游玩时间：1～2天，建议住衡阳市或景区附近。

推荐住宿酒店

7天连锁酒店解放大道沿江店、莫林风尚酒店石鼓店、衡阳神龙百度大酒店。

推荐游玩路线

D1：南岳庙→祝圣寺→南岳忠烈祠→半山亭；

D2：祝融峰→藏经殿→磨镜台→福严寺→南台寺→水帘洞。

还可以去衡阳市内的石鼓书院等地游览。

美食

玉麟香腰、鱼头豆腐、南岳素食豆腐、唆螺，等等。

推荐餐馆（衡阳市）

老湘食、杨裕兴面业、中环楼（和平店）、南北特。

衡山→井冈山

从衡阳到井冈山，需先坐车到江西的茶陵，然后转到井冈山的车。

井冈山五指峰

井冈山黄洋界

星星之火可以燎原

井冈山大井的毛泽东和朱德的故居

井冈山

井冈山，位于江西省吉安市境内，中国革命的摇篮。环境优美，也是夏天避暑的好地方。这里旅游设施齐全，服务质量好。

推荐游玩时间：2天，建议住茨坪。茨坪是井冈山景区的中心站，从茨坪到各个纪念地及主要风景游览点都有道路相通。街上有专线车到镇子的各个地方。

 推荐游玩路线

D1： 黄洋界→龙潭。

D2： 大井、百竹园（红军造币厂）、水口风景区、五指峰和井冈山革命博物馆。有时间还可以去笔架山、杜鹃山（有索道）等地游玩。

 美食

井冈烟笋、井冈红米饭等。

 井冈山→南昌

从井冈山坐火车到南昌。

南昌

（详见探春之旅线路五）

这条旅游线路到此结束，游客可以在南昌选乘交通工具回家。

线路七

武汉→宜昌→三峡大坝→长江三峡→重庆

武汉

武汉，湖北省省会，九省通衢，长江、汉水穿城而过，将市区分成三部分，即俗称的武汉三镇。称武汉为江城，名副其实。黄鹤楼上可看全城风景，武汉大学的樱花也是全国闻名，当然还少不了武汉的早点小吃。

推荐游玩时间：2～3天，建议住汉口老城区近江边、河边处，或武昌区近司门口、大东门地区。如果是春节期间，建议住户部巷小吃街附近，出行、吃饭都方便。

 推荐住宿酒店

好百年饭店、晴川假日酒店、丽枫酒店、如家快捷酒店（户部巷店、江滩店）、7天连锁酒店（户部巷店、江汉路步行街店）、锦江之星（江滩店）、汉庭（珞狮北路武大店）。

 推荐游玩路线

D1： 户部巷→黄鹤楼→武汉大学。
D2： 湖北省博物馆→东湖→磨山。
D3： 归元寺→（古琴台）→江汉路（含近代优秀建筑群）→江滩。

武汉大学（武大）历史悠久，是近代中国建立最早的国立大学之一，学校坐拥珞珈山，环绕东湖水，中西合璧式的宫殿式建筑群古朴典雅，巍峨壮观，被称为"世界最美丽的大学校园"之一。

每年的3月（盛花期应该是3月中下旬到4月上旬），是武大樱花盛开的时候，这时的武大校园变成了花的海洋，其中以樱园的最盛。

参观武大校园时应注意，应该到武大的老校区，现在的武大因收编了的一些学校，原校园面积扩大了，城区其他地方也有一些分校。

有时间还可以去古德寺、昙华林、汉街、光谷步行街、木兰山、武汉动物园、辛亥革命博物馆、龟山电视塔等地游玩。

武汉古德寺

武汉汉街

武汉江汉关

武汉长江大桥

美食

各种水产品制作的菜肴、武昌鱼、菜薹炒腊肉等。武汉的小吃品种尤其丰富，主要有有热干面、豆皮、面窝、糊汤粉等。这些小吃在户部巷都能吃到。

推荐餐馆

亢龙太子酒轩、湘鄂情、湖锦酒楼、蔡林记、五芳斋、户部巷等。

武汉→宜昌

从武汉到宜昌可坐火车或班车。

宜昌

三峡大坝

宜昌，位于湖北西部，与重庆接壤，是巴楚文化发源地，水电之都。三峡电站、葛洲坝水利枢纽工程壮观雄伟，世界闻名。

推荐游玩时间：1～2天，建议住市区。

推荐住宿酒店

桃花岭饭店、汉庭解放路店、锦江之星步行街店

推荐游玩景点

三峡大坝、葛洲坝、三游洞。
有时间还可以去三峡人家、清江画廊、三峡大瀑布游玩。

美食

白刹肥鱼、三游神仙鸡、炕洋芋、峡口豆花等。

宜昌→重庆

从宜昌乘船到重庆，顺便游览三峡。

宜昌三峡大瀑布

宜昌清江画廊

长江三峡包括瞿塘峡、巫峡和西陵峡，四百里的险峻通道和三个动听的名字，容纳了无尽的旖旎风光。

乘船游览有顺流而下（重庆到宜昌）或逆流而上（宜昌到重庆）两种游览方式。宜昌到重庆游船游览时间：五天四晚，吃住在游轮上。

 游览路线

D1： 下午登船。

D2： 上岸到三峡大坝上游览，然后坐船过三峡大坝五级船闸。

D3： 神女峰→巫峡→小三峡（可换小船游览，非常漂亮）→瞿塘峡→白帝城（可上岸）。

D4： 丰都（可上岸）。

D5： 早上到重庆。

巫山小三峡

巫山小三峡

重庆

重庆，我国的 4 个直辖市之一，西南重镇，抗战时的陪都，著名的山城，以美女和麻辣火锅而闻名。

推荐游玩时间：3 ~ 4 天，建议住渝中区靠近解放碑的地方。

推荐住宿酒店

解放碑威斯汀酒店、全季酒店解放碑步行街店、重庆饭店、重庆 1716 酒店公寓、如家快捷酒店解放碑步行街店、7 天连锁酒店解放碑步行街店等。

推荐游玩路线

D1： 解放碑→朝天门→洪崖洞→南山→一棵树（看重庆市区夜景）。

D2： 磁器口→渣滓洞集中营→重庆朝天门两江夜游。

D3 ~ D4： 武隆。

洪崖洞是组建筑群，倚江而立，位于嘉陵江和长江交汇处。以最具巴渝传统建筑特色的吊脚楼为主体，依山就势，通过分层筑台、吊脚、错叠、临崖等山地建筑手法，把餐饮、娱乐、休闲、保健、酒店和特色文化购物六大业态有机整合在一起，形成了别具一格的立体式空中步行街。

武隆县天坑地缝天生三桥，气势磅礴，称奇于世，值得一游。

有时间一定要去乘坐过江索道，去洋人街、三峡博物馆、歌乐山、大礼堂、红岩村革命纪念馆、大足石刻等地游玩，也可以坐游船观赏山城夜景。

美食

重庆火锅、麻辣香肠、五香熏鱼、陈皮牛肉、白市驿板鸭、水煮牛肉、酸菜鱼、烟熏排骨、芙蓉鸡片、鸡豆花等。小吃有重庆小面、酸辣粉等。

推荐餐馆

老四川大酒楼、小滨楼、八一路好吃街、洪崖洞、磁器口，在南滨路的餐馆吃饭可以在吃美食的同时欣赏山城夜景。

这条旅游线路到此结束，游客可以在重庆选乘交通工具回家。

重庆市人民大礼堂

重庆火锅

重庆洪崖洞

重庆湖广会馆

重庆解放碑

重庆夜景

老有所乐
——爷爷奶奶去哪儿

线路八

武夷山→福州→霞浦→莆田→泉州→厦门→
南靖和永定（土楼）→长汀→瑞金

武夷山一线天

武夷山天游峰

武夷山

武夷山九曲溪

武夷山九天成禅院

武夷山九曲溪漂流

武夷山，福建第一名山，世界文化与自然双重遗产。碧水丹山，有"奇秀甲东南"之美誉。产自武夷山的武夷岩茶（大红袍）具有绿茶之清香，红茶之甘醇，是中国乌龙茶中之极品。坐飞机、火车或汽车都可以到达武夷山。

推荐游玩时间：2～3天，建议住武夷山市市区。

推荐住宿酒店

九龙湾度假酒店、艾斯酒店、陶然雅居客栈、锦江之星武夷山店、如家快捷酒店武夷山大王峰店、7天连锁酒店武夷山店、汉庭武夷山店。

推荐游玩路线

D1：天游峰→九曲溪漂流→大红袍景区。

D2：一线天→虎啸岩→天成禅院。

还可以去武夷宫、莲花峰、好汉坡、水帘洞等景点游览，晚上可观看实景演出《大红袍》。

美食

街头粿、岚谷熏鹅、千层糕、薛荔冻、扁食等。

武夷山→福州

武夷山到福州有旅游专列，很方便。

福州

福州，别名榕城，东南沿海重镇，背山依江面海，历史悠久。

推荐游玩时间：1～2天，建议住鼓楼区。

推荐住宿酒店

福建索菲斯屏山酒店、私享家城市主题酒店、速8酒店三坊七巷店、如家快捷酒店八一路三坊七巷店。

推荐游玩路线

鼓山→三坊七巷。

鼓山位于福州市东郊，山上风景优美，古迹众多，历代摩崖石刻不下300处，宋代的题刻就达109处。

三坊七巷是中国十大历史名街之一。小吃很多，还有冰心等人的故居。以南后街、官巷最值得一观。

有时间还可以去金山寺、马尾、船政博物馆、仓山烟台山、石厝教堂、西湖公园、上下杭、林则徐纪念馆等地游览。

美食

佛跳墙、荔枝肉、八宝芋泥、鼎边糊、鸡茸鱼唇、鱼丸、肉燕、光饼等。

福州→霞浦

从福州到霞浦可坐动车也可坐班车。

福州鼓山

福州三坊七巷

霞浦

霞浦县，中国海带、紫菜之乡，素有"闽浙要冲""滨海邹鲁"的美誉，这里有美丽的滩涂、大片的海上养殖场，还有长长的沿海公路，是摄影爱好者的天堂。

推荐游玩时间：2～3天，综合考虑建议住霞浦县城。

 推荐游玩路线

D1: 花竹→杨家溪→小皓。
D2: 北岐→涵江→东壁。
D3: 溪南的台江、东安。
如果要看日出日落，最好是包车前往，汽车站有小轿车可以租用。
每天的游玩线路，首先是看日出，最后是看日落。台江有养殖用的鱼排，规模很大，很壮观，可以租船上去，体验鱼排人家的生活，很有情趣。

 美食

糊汤、阿茶汤丸、盐田章鱼、杨家溪香鱼等。

 霞浦→莆田

从霞浦到莆田可坐动车。

海带养殖场

霞浦鱼排

湄洲岛妈祖像

湄洲岛九宝澜黄金沙滩

湄洲岛妈祖庙

莆田

　　莆田，旅游资源丰富，三教祠和妈祖庙在全国、东南亚及世界许多国家和地区都有重要的影响。莆田地区是妈祖信仰的发源地。

　　推荐游玩时间：1~2天，建议住湄洲岛上的度假酒店，也可住市区。

 推荐住宿酒店

　　莆田三迪希尔顿逸林酒店、格林豪泰文献东路新汽车站店、旷远锦江国际酒店、湄洲岛明珠海景宾馆。

 推荐游玩路线

　　湄洲岛：妈祖庙→鹅尾山神石园→湄屿潮音公园→九宝澜黄金沙滩。

　　湄洲岛被誉为"南国蓬莱"，岛上的妈祖庙在妈祖文化中拥有至高无上的地位和影响力，是建设年代最久远的妈祖庙。九宝澜黄金沙滩也很漂亮。

　　如有时间，还可以去南少林寺、九鲤湖、三教祠等地游玩。

 美食

　　莆田煎包、莆田卤面、九层粿、兴化米粉、荔枝肉等。

 莆田→泉州

　　从莆田到泉州可以坐动车也可以坐班车。

开元寺东塔

闽台缘博物馆

清源山老君岩

泉州

泉州，马可·波罗眼中的光明之城，中国海上丝绸之路的起点。泉州的木偶戏、梨园戏是世界非物质文化遗产。

推荐游玩时间：1～2天，建议住鲤城区西街一带。

推荐住宿酒店

泉州悦华酒店、长城戴斯酒店、泉州酒店、泉州东南半岛酒店、锦江之星开元寺店、尚客优快捷酒店钟楼店、如家快捷酒店泉秀街乌洲路店、7天连锁酒店客运中心店。

推荐游玩路线

D1： 开元寺→天后宫→洛阳桥。

D2： 崇武古城。

崇武古城是中国现存最完整的丁字型石砌古城，是中国仅存的一座比较完好的明代石头城。崇武还有被誉为"中国八大最美海岸线"之一的崇武海岸。

此外，还可以去闽台缘博物馆、海交馆、清净寺、清源山（看泉州全景）、灵山伊斯兰教圣墓、承天寺、紫帽山、泉州博物馆等地游览。

美食

肉粽、花生汤、深沪水丸、石狮甜果、咸饭、煎包、卤面、石狮牛肉羹、土笋冻、四果汤等。

推荐餐馆

国仔面线糊水门国仔总店、斯丹姜母鸭、侯阿婆肉粽店、东兴牛肉店等。

泉州→厦门

从泉州到厦门可坐火车或班车。

泉州清源山老君岩

厦门中山路步行街　　　厦门建筑　　　厦门日光岩

厦门

厦门，国际花园城市，有"东方夏威夷"的美誉。鼓浪屿是其精华所在。

推荐游玩时间：2～3天，建议住在鼓浪屿或环岛路近海地方。

 推荐住宿酒店

鹭江宾馆、美仑方之缘酒店、如家快捷酒店厦门轮渡店、格林豪泰厦门大学店、7天连锁酒店厦大南普陀店、厦门鼓浪屿滨海度假屋、厦门鼓浪屿南瓜石客栈。

 推荐游玩路线

D1：～D2： 鼓浪屿（日光岩、钢琴码头、菽庄花园、音乐厅等）。

D3： 厦门大学、胡里山炮台、中山路。

鼓浪屿是个小岛，与厦门岛隔海相望。因为鼓浪屿曾经被列强正式明确为公共租界，共有15个国家曾在鼓浪屿上设置过领事馆。所以岛上中外风格各异的建筑物在此地被完好地汇集、保留，有"万国建筑博览"之称。流连于交错纵横的小街小巷，欣赏各种异国建筑情调，品尝名目繁多的美食，是无比浪漫的事情。

此外，还可以去南普陀寺（近厦大）、台湾小吃街、集美学村（传统的闽南建筑）、曾厝垵等地游览。

 美食

沙茶面、五香条、海蛎煎、芋包、厦门馅饼、炸五香、姜母鸭、厦门春卷等。

 推荐餐馆

喜麟阁私房菜、宴遇、鹭江宾馆观海厅、龙头北仔饼、林记鱼丸等。

 厦门→南靖→永定

从厦门去看土楼（分南靖县土楼和永定县土楼）可以先坐动车或班车到南靖，看完南靖土楼后，再从南靖转班车到永定参观。也可以坐车到龙岩，然后转车去永定土楼。另外，厦门湖滨南站有直接到南靖土楼和永定土楼（永定客家土楼民俗文化村景区（洪坑））的车。

有时间也可以去漳州的火山岛（林近屿和南碇岛，主要看柱状节理）。

南靖和永定土楼

振成楼

福裕楼

土楼是世界独一无二的大型民居形式，被称为中国汉族传统民居的瑰宝。最著名的土楼群分别位于在福州漳州的南靖县和龙岩的永定县。

推荐游玩时间：2天，建议住在景区内外，有的土楼也对外接待。

推荐住宿

南靖云水谣山水古民居、永定客家土楼王子大酒店。

推荐游玩路线

D1： 南靖土楼（田螺坑景区、塔下村）。

D2： 永定土楼（湖坑景区、高北景区等）。

如果有时间，还可去云水谣（南靖）等地游玩。另外，可以到龙岩的冠豸山旅游。

美食

观音菜、笋干、咸水鸭等。

永定→长汀

从永定可坐火车或班车到长汀。

漳州南靖土楼"四菜一汤"

长汀，中国曾经最美的山城，环境幽静，老街有一些很有特色的老建筑。

推荐游玩时间：1～2天，建议住县城。

推荐住宿酒店

金仁大酒店、长汀宾馆、长汀8天酒店。

推荐游玩路线

D1： 三元阁→水东街→瞿秋白纪念碑→汀江夜景。
D2： 卧龙山→天后宫→福音医院旧址→毛泽东故居。
县城不大，可坐当地人的摩托车游览。

美食

煎薯饼、汆猪肉、泡猪腰、豆腐饺、长汀豆腐干、白斩河田鸡等。

长汀→瑞金

从长汀可坐班车或火车到瑞金。

汀州古城墙

汀州城全景

老有所乐
——爷爷奶奶去哪儿

瑞金

瑞金，著名的红色旅游城市。

推荐游玩时间：1～2天，建议住县城。

推荐住宿酒店

瑞金欧利大酒店、瑞金饭店、7天酒店（红都广场店）。

推荐游玩路线

D1：叶坪革命旧址群、中央革命根据地历史博物馆、沙洲坝。
D2：罗汉岩景区。

美食

瑞金鱼丸、瑞金肉丸、黄鲇米果、瑞金擂茶等。

推荐餐馆

城南牛肉汤店、瑞林大河鱼、腊生餐馆、城南老赖饭店等。

这条旅游线路到此结束，游客可以到赣州或南昌选乘合适的交通工具回家。

瑞金叶坪列宁台

瑞金叶坪红色旅游景区

瑞金毛主席旧居

瑞金沙洲坝红井

瑞金红军纪念塔

瑞金苏维埃政府所在地

线路九

桂林（阳朔）→龙脊梯田→南宁→北海→涠洲岛→德天瀑布→巴马（长寿乡）→南宁

桂林（阳朔）

桂林，我国著名的旅游城市，属典型的"喀斯特"岩溶地貌，有"桂林山水甲天下"的美誉。漓江和遇龙河尤其值得一游。这里是国内最成熟的景区之一，是比较适合老年人旅游的地方。另外要说的一点是，桂林有点过度开发的意味，大小景点众多，且门票偏贵，老年朋友应注意选择。另外桂林的消费也比较贵。

推荐游玩时间：3～4天，建议住桂林市区的象山区和秀峰区，在阳朔住一晚。

推荐住宿酒店

桂林：桂林漓江大瀑布饭店、桂林宾馆、桂林象山水月逸酒店、桂林古南门酒店、汉庭象山公园店、如家快捷酒店中心广场店。

阳朔：香榭丽舍精品酒店、天伦酒店、西街陈家花园酒店（阳朔漓江分店）。

推荐游玩路线

D1： 象鼻山、七星岩、夜游两江四湖。

D2： 坐船游漓江（选择游全程的）→阳朔西街。

D3： 遇龙河漂流→大榕树公园。

游览漓江的方式大多选择坐船，但选择线路很有讲究，因为有游全程的（桂林到阳朔），有分段游的，距离不一样，价格也千差万别。游船有大船也有小竹筏，游客应注意选择。建议通过正规旅行社或到正规游船码头订购船票。笔者建议乘坐游览全程的大游船，全程大概4.5小时，船票中含一顿中餐。漓江上最著名的景点是九马画山和20元人民币背景图实景黄布倒影。

遇龙河两岸风景优美，环境幽静，河上的竹筏漂流平缓舒适，坐在筏上很是惬意。

此外，还可以去芦笛岩、冠岩、古东瀑布、叠彩山、靖江王城、世外桃源等地游览。在阳朔还可以看《印象刘三姐》的实景表演。在阳朔、桂林新开发的旅游景点很多，应注意比较选择。

美食

桂林米粉、啤酒鱼、马蹄糕、尼姑素面、漓江虾等。

推荐餐馆

新九龙酒家、勾味王（文明路店）、椿记烧鹅（中山中路店）、金龙寨（文明店）、么么鱼、崇善米粉（总店）、老街坊餐吧（兴坪镇）。

桂林→龙脊景区

从桂林到龙脊景区（龙胜梯田）可乘专车（桂林火车南站每天有直接到达金坑大寨瑶族梯田的专线车，车程大概2小时），也可在龙胜县城转车。

桂林漓江

桂林遇龙河漂流

桂林古东瀑布

桂林象鼻山

阳朔大榕树

龙脊大寨梯田

龙脊梯田

　　龙胜各族自治县，隶属于桂林市，在桂林的北面。这里的龙脊梯田规模很大，很壮观。最好的游览时间是每年农历四月十五以后，梯田开始放水，持续半个月。

　　推荐游玩时间：1～2天，建议住山上的客栈。

 推荐住宿客栈

　　万景楼、全景楼。

 推荐游玩路线

　　D1： 大寨梯田 1、2、3 号观景台。

　　D2： 平安梯田 1、2 号观景台。

　　此外还可以泡泡龙胜温泉，逛逛瑶寨和侗寨。

　　整个龙脊梯田景区有大寨、平安村、龙脊三个入口，游客选择一个即可。上面写的 1、2、3 号观景台是大寨梯田的。

 美食

　　蕨根禾花鱼、龙胜鱼生、桑江鱼焖豆腐等。

 龙脊景区→桂林

　　游完梯田坐车回桂林，从桂林到南宁可乘班车或火车。

南宁

南宁五象广场

南宁，广西省省会，别名凤凰城、五象城，红豆的故乡，是一个满城皆绿、四季常青的花园般的城市。

推荐游玩时间：1天，建议住火车站附近的市中心或者琅东新区五象广场周边。

推荐住宿酒店

南宁金庆盛大酒店、广西沃顿国际大酒店、南宁饭店、南宁永恒朗悦酒店、7天连锁酒店（人民中路朝阳广场店、琅西店）、锦江之星国际会展中心店。

推荐游玩路线

广西民族博物馆→南湖公园→五象广场。

如有时间可去花花大世界、青秀山、灵水、九龙瀑布森林公园、西津湖等地。

美食

白切鸡、老友粉、炒粉虫、粉饺、南宁肉粽以及各种酸品和粥品。

推荐餐馆

南宁饭店、黄阿婆玉兰粉虫店、复记老友饮食店、仙池饭店、中山路美食街。

南宁→北海

从南宁可坐火车或班车到北海，北海有机场但是班次不多。

北海

北海，濒临北部湾，是著名的旅游休假胜地，北海银滩的海滩品质在全国是数一数二的。

推荐游玩时间：1 ～ 2 天，建议住银滩公园附近。

推荐住宿酒店

北海辰茂海滩酒店、北海苏福比画廊酒店、北海 21°假日酒店、北海银滩海湾小栈客栈民宿。

推荐游玩路线

D1： 北海老城→银滩。

D2： 金海湾红树林景区→银滩。

在银滩公园沿海岸线往东不远的海边就有红树林、可免费参观。

美食

北海最有特色的美食就是各种海鲜。

推荐餐馆

银滩往北海老城方向路边的各地海鲜大排档是上佳的就餐选择。

北海→涠洲岛

从北海银滩可坐船到涠洲岛，有很多航班可供选择，分快、慢两种。登岛前请注意台风消息，以免滞留在岛上。

北海红树林

润洲岛
北海涠洲岛

五彩滩（芝麻滩）

涠洲岛，距离北海银滩46公里，是古代火山喷发后形成的火山岛。这里民风朴实，商业气息不是很浓。

推荐游玩时间：1～2天，建议住岛上的酒店客栈。

 ## 推荐住宿

涠洲岛客家人部落海边客栈、涠洲岛最美风景彩绘酒店、涠洲岛阳光海岸客栈、涠洲岛岛农客栈、涠洲岛秘蜜花园客栈。

 ## 推荐游玩路线

D1： 火山口地质公园→滴水丹屏。

D2： 五彩滩→猪崽岭→天主教堂。

另外，还可以去鳄鱼山公园、石螺口海滩游玩，也可以潜水。岛上环境很好，天气好的话，可以多住几天。上岛之前请关注当地天气预报，关注有没有台风，以免滞留在岛上。岛上有私人运营的电动三轮，可包一辆来往于各个景点。

美食

各种海鲜。可以到码头上的市场去购买渔民当天打回来的海鲜回客栈加工。

涠洲岛→德天瀑布

从涠洲岛坐船到北海，然后回南宁。南宁到德天瀑布可以报团，有旅游大巴，但车次少。也可以坐班车先到大新县，然后转车到德天瀑布景区。

德天瀑布位于中越边境，是亚洲第一、世界第二的跨国大瀑布，壮观美丽。

推荐游玩时间：1天。

推荐游玩路线

沿景区推荐线路游览：瀑布→中越界碑。

可乘竹筏游船近距离接触瀑布。

如果时间充裕，还可以去附近的明仕田园（有住宿）和五百里画廊游玩。

美食

白糍粑、艾糍等。还可以在边境市场上买到越南特产。

德天瀑布→宁南→巴马

从德天瀑布坐车回南宁。从南宁到巴马可以坐班车到巴马县城然后转车到各长寿村。

德天瀑布

德天瀑布

巴马命河

巴马
(长寿乡)

　　巴马瑶族自治县，位于广西西北部，隶属于河池市。境内多山，水质较好，是世界五大长寿乡之一，巴马百岁以上寿星占人口的比例之高，居世界五个长寿乡之首。另外，巴马香猪也非常有名。

　　推荐游玩时间：2～3天，建议住坡月村或巴盘村，基本都是家庭旅馆，有的规模较大。

推荐游玩路线

　　D1： 百魔洞→命河→长寿水晶宫。

　　D2： 百鸟岩→长寿村。

　　另外还可以去巴马附近的乐业天坑、三门海景区游观。

　　巴马环境好，适合老年人多住一段时间，但因为坡月村外来人口众多，如果长期居住的话，最好是找小一点的村子居住。

美食

　　巴马香猪、油鱼、火麻汤、黑山羊肉等。

　　巴马游览结束后，可往云南方向继续旅游，也可回桂林或南宁，结束旅程，选乘合适的交通工具回家。

巴马"长寿水晶宫"

巴马长寿村之坡月村

线路十

镇远→西江千户苗寨→荔波→榕江→从江→肇兴→三江→龙脊梯田→桂林

这条线路的起点，如果坐飞机，可以先到贵阳，再坐火车或汽车到凯里。凯里是黔东南苗族侗族自治州的首府。如果坐火车，可以先到镇远。

镇远，自古乃军事要冲，是贵州的东大门，素有"滇楚锁钥、黔东门户"之称。这里的建筑很有特色，是中国山地贴崖建筑文化博物馆，其中的青龙洞是贴崖建筑的代表。镇远不算大，各景点均可步行前往。

推荐游玩时间：1～2天，建议住镇远老街舞阳河畔的客栈旅馆。

推荐住宿

镇远镖局·大河关驿栈、望江楼客栈（镇远祝圣桥店）、镇远秋江晚渡·纵横客栈、镇远秋江晚渡·江南苑客栈、镇远豪庭客栈。

推荐游玩路线

D1： 青龙洞→铁溪→石屏山。

D2： 坐船游潕阳河→和平村。

镇远在潕阳河的下游，施秉则在潕阳河的上游，由于地方保护，把潕阳河景区分为了上潕阳和下潕阳，分属施秉和镇远。如果需要游上、下潕阳河，需分别购票。

游下潕阳上船的地方离城区 10 公里，可在所住客栈或镇上的旅行社预定船票，有车接送。潕阳河的主要景点有孔雀开屏、三叠水，等等。

还可在镇子里的码头乘船夜游潕阳河。

镇远附近还有麻塘（亻革）家村寨和报京侗寨等寨子可以游玩。

美食

红酸汤、酸汤鱼、陈年道菜等。

推荐餐馆

古城红酸汤、苗伯妈红酸汤。

 镇远→江西千户苗寨

从镇远到西江千户苗寨可坐火车或班车到凯里，然后转车到西江千户苗寨。

如果从贵阳到西江千户苗寨，离机场不远的贵阳东站每天早 9 点和下午 3 点各有一班班车直达苗寨（苗寨往贵阳同时发车）；也可以先坐班车或火车到凯里，然后转班车；也可拼车或打车到苗寨，共用约 100 元。

祝圣桥

舞阳河

风雨桥　　西江千户苗寨全景　　西江千户苗寨夜景　　西江千户苗寨

西江千户苗寨，位于黔东南州雷山县，是全国乃至全世界最大的苗族居住村寨。它依山而建，由四个村子组成。上千户的苗家吊脚楼保存完好，壮观而美丽，每到夜晚，家家点灯，从观景台看整个寨子，美丽迷人。

推荐游玩时间：1～2天，建议住寨子对面山上的客栈，老年人如果腿脚不便，也可以住在村里河边的客栈。

推荐住宿

西江云舍主题度假酒店、西江苗韵度假酒店、西江画印度假酒店 、西江故事度假酒店、西江云端·揽月亭度假酒店。

推荐游玩路线

博物馆→苗王家→表演（每天下午晚上各一场）→观景台。

在苗家吃长桌宴，听苗家歌，感受苗家风俗。每年阴历十月的苗年节很热闹，13年一次的牯藏节更是盛况空前。

由于开发较早，千户苗寨的商业气息越来越浓，做生意开客栈的外地人居多。

美食

糍粑、苗家米酒、酸汤火锅、水田鲫鱼等。

推荐餐馆

阿多牛肉粉、西江千户苗寨侯家庄等。

江西千户苗寨→荔波

从千户苗寨到荔波，得坐车到凯里，再坐车到荔波或坐车到都匀转车到荔波。荔波有机场，也可以从其他地方乘飞机过去。

凯里和荔波每天对开四趟班车。荔波至凯里为8：05、9：50、12：30、15：10；凯里至荔波为：7：00、9：10、14：30、16：00。在荔波客车站，凯里客车总站上下车。

如果不去荔波，也可从凯里坐车直接到榕江县城；或先从西江坐车到雷山，再转车到榕江。

荔波

茂兰国家级
自然保护区

茂兰国家级自然保护区

荔波卧龙潭

荔波，属于黔南布依族苗族自治州，境内山川秀丽，气候宜人，被誉为地球腰带上的"绿宝石"。大小七孔景区更是名扬天下。

推荐游玩时间：1~2天，建议住荔波县城或小七孔景区内。

推荐住宿

荔波樟江部落大酒店、荔波茂兰云天主题酒店、荔波粟舍·粟米的旅舍、荔波小七孔综合服务中心（原努类吉海度假庄园）、荔波小七孔有家客栈。

推荐游玩路线

D1： 大七孔景区、小七孔景区。

D2： 茂兰森林公园。

美食

水蕨菜、腌酸肉、臭酸等。

推荐餐馆

榕树脚舅妈饭店、老波螺蛳粉。

荔波→榕江

从荔波到榕江可坐车到三都，然后转车到榕江县。

荔波小七孔瀑布

荔波小七孔桥

荔波小七孔景区

榕江

榕江县属于黔东南州,是全国最大的侗族聚居地,也是苗、侗文化祖源地,民族文化底蕴深厚,民族风情原始古朴、原汁原味,文物古迹保存完好。

推荐游玩时间:1天,建议住榕江县城。

推荐住宿

榕江广源大酒店、榕江宾馆。

推荐游玩路线

车江乡三宝侗寨→西山苗王庙。

榕江县境内有许多侗族的村寨,因为交通不便,保存得比较完好,如大利侗寨、宰荡侗寨(侗族大歌之乡)、空申苗寨(世界超短裙的故乡)等,如果有时间可以去看看。

美食

榕江卷粉、香羊瘪、芋头糕等。

推荐餐馆

榕树脚舅妈饭店、老波螺蛳粉。

榕江→从江

从榕江可坐班车到从江县城。

榕江大利侗寨

榕江空申苗寨

从江

从江县，侗族大歌之乡，旅游资源丰富。境内的芭沙苗寨是中国最后一个带枪的部落，小黄侗寨的侗族大歌享誉世界。

推荐游玩时间：1～2天，建议住从江县城。

推荐住宿

从江大酒店、从江现代商务酒店、从江枫云主题大酒店。

推荐游玩路线

D1：芭沙苗寨.

D2：小黄侗寨。

岜沙苗寨有名俗表演（镰刀剃头等），小黄侗寨有大歌表演。

另外，从江县境内的加榜梯田不仅规模宏大、气势磅礴，而且线条优美。从江县境内还有岑丰梯田、高增侗寨等景点。

美食

香鸡、牛瘪等。

从江→肇兴

从从江到肇兴侗寨可以坐直达班车，也可以坐车到洛香再转车。

从江加榜梯田

从江加鸠梯田

镰刀剃头

鸣枪表演

肇兴

肇兴侗寨属黎平县，寨子很大，在群山环抱之中，保存完好。以鼓楼群最为著名，被誉为"鼓楼之乡"。

推荐游玩时间：1～2天，寨子里有住宿，条件不错。

 推荐住宿

肇兴宾馆、肇兴青定阁、肇兴神仙堂会馆、肇兴云上酒店、肇兴溪舍。

 推荐游玩路线

寨子里有鼓楼、花桥、戏台各五座，分属寨中五大房族。晚上有侗歌表演。

如果有时间，可以到离肇兴不远的堂安村去看看，村子里对水的利用很有特色。步行或包车前往都行。

 美食

油茶、烤鱼、羊瘪等。

 从江→肇兴

从肇兴到三江县可以坐车回从江再转车，也可以坐车到八洛转去三江的班车。

肇兴侗寨全景

肇兴侗寨鼓楼和风雨桥

三江

三江侗族自治县属于广西,位于湘、黔、桂三省交界处,水资源丰富,名族风情浓郁。

推荐游玩时间:半天。

 推荐游玩路线

程阳风雨桥。

 美食

风味酸鸭、三江牛肉王等。

从三江到龙脊梯田可坐班车到龙胜各族自治县县城,然后转车去大寨梯田等景区。

龙脊梯田 桂林

情况详见探春之旅线路九。

这条旅游线路到此结束,大家可在桂林选择交通工具回家。

线路十一

安阳→郭亮村→云台山→洛阳→嵩山少林寺→郑州→开封

这条线路可以安排在4月份，正好赶上洛阳的牡丹花节。从南方出发的游客，可以从郑州开始旅程。

安阳，甲骨文的故乡，中国八大古都之一，安阳殷墟是世界公认的现今中国所能确定的最早都城遗址，有"洹水帝都""殷商故都""文字之都"之美誉。

推荐游玩时间：1～2天，可住安阳市内靠近火车站的宾馆。

 推荐住宿

宜必思酒店解放大道店、安阳华强建国酒店、锦江之星火车站店、7天连锁酒店火车站店、如家快捷酒店快捷酒店红旗路人民大道店。

 推荐游玩路线

D1： 殷墟→中国文字博物馆→袁林。

D2： 红旗渠→太行山大峡谷。

安阳殷墟是为考古学和甲骨文所证实的都城遗址。殷墟的发现和发掘被评为20世纪中国"100项重大考古发现"之首。

还可以去汤阴的岳飞庙、羑里城遗址、安阳博物馆、曹操墓等地游玩。

 美食

血糕、粉浆饭、皮渣等。

 推荐餐馆

盛德利大酒店、虢国羊肉汤馆、彰德扁粉崔、朱三面等。

安阳殷墟博物馆

安阳→郭亮村

从安阳到郭亮村可先坐火车或汽车到新乡，然后坐到郭亮村的汽车；或坐从新乡到辉县的班车，再转车到郭亮村。

也可以从林州到郭亮村，坐林州到新乡的车到南村镇下，转车到南寨镇然后坐当地的三轮车到景区（林州应该有直达南寨镇的过路车）；或者在路边等从辉县或新乡到郭亮村的车。

安阳殷墟博物馆的刻辞龟甲

郭亮村

　　郭亮村，属于万仙山景区，位于太行山腹地，原来村里的人们只能通过一条狭窄的天梯与外界相通，后来13名村民靠简陋的工具集全村的财力花了5年的时间，硬是在绝壁上开凿出一条宽5米、高4米，全长1300米的公路——郭亮洞，使村子通上了汽车，打通了与外部世界的通道，郭亮人也被誉为新时代的愚公。

　　推荐游玩时间：1～2天，可住村里，村里几乎家家都可以提供住宿。

推荐游玩路线

D1： 绝壁长廊（郭亮洞）、崖上人家、天梯。
D2： 南坪。

美食

野山菌、各种野菜，等等。

郭亮村→云台山

　　郭亮村到云台山需坐车到新乡，新乡有到云台山的直达车。也可以从新乡坐车到焦作，再转车到云台山。

郭亮村

郭亮村绝壁长廊——郭亮洞

红石峡

白龙潭

云台山

云台山，位于河南焦作修武县和山西陵川县境内，以独具特色的"北方岩溶地貌""云台山水"被联合国教科文组织列入全球首批世界地质公园名录。素以"三步一泉，五步一瀑，十步一潭"而著称。这里还有亚洲落差最大的瀑布——云台天瀑。

推荐游玩时间：1～2天，可住景区内。

 推荐住宿

云台天阶国际饭店、云台山山水迎宾馆、云台山新东方度假酒店、云台山居家快捷酒店。

 推荐游玩路线

D1：潭瀑峡→泉瀑峡→红石峡。

D2：茱萸峰→万善寺。

有时间还可以去子房湖、猕猴谷等地游玩。

 美食

怀山药、修武黑山羊、焦作柿饼等。

 云台山→洛阳

从云台山到洛阳可坐直达班车（班次少），或坐车到焦作，再转火车或汽车到洛阳。

卢舍那大佛

洛阳龙门石窟

洛阳

洛阳，十三朝古都，中国四大古都之一，世界四大圣城之一，有"千年帝都，牡丹花城"的美誉，市内的白马寺和郊外的龙门石窟也是名扬天下。每年的牡丹节时间是4月到5月初。

推荐游玩时间：2天，建议住老城区或西工区。

 推荐住宿

华阳广场国际大饭店、洛阳友谊宾馆、洛阳蓝鹊酒店、大为玖朝酒店西工旗舰店、如家快捷酒店（定鼎路店、王府井店）、锦江之星（火车站店）、尚客优快捷酒店（火车站解放路店）。

 推荐游玩路线

D1： 白马寺→牡丹园→关林→南湖音乐喷泉。

D2： 龙门石窟。

如果有时间，可以去洛阳老街、天子驾六博物馆、王城公园、洛阳博物馆、白云山、抱犊寨等地游览。

 美食

水席、黄河鲤鱼、胡辣汤、新安烫面角等。

 推荐餐馆

真不同饭店、管记水席老店、小街锅贴、老王烫面角、高记清香园不翻汤。

 洛阳→少林寺

从洛阳到少林寺可到火车站附近的一运或二运汽车站坐到登封的车。龙门石窟与少林寺之间也有往返的班车。

老有所乐
——爷爷奶奶去哪儿

嵩山
少林寺

少林寺练功房　　少林寺山门

少林寺，坐落在中岳嵩山脚下，千年古刹，以禅宗和武术闻名于世。

推荐游玩时间：1天，可住登封。

 推荐住宿

登封锦鹏生态酒店、登封嵩山地豪大酒店、登封花园大酒店、登封少林宾馆、登封永泰净舍。

 推荐游玩路线

少林寺、嵩山三皇寨。

游三皇寨就相当于游了嵩山，可先游少林寺然后坐缆车上山。

还可以去嵩阳书院等地游玩。

 美食

登封刀削面、烧饼夹豆腐串等。

 推荐餐馆

三味居、兰亭小炊、真味阁、烙馍村、石磨坊、登封第一楼等。

 少林寺→郑州

从少林寺到郑州可以坐直达班车，也可以坐车到登封，再转车到郑州。

少林寺

郑州黄河风景名胜区

郑州

郑州，是我国重要的交通枢纽城市，也曾是三皇五帝活动的腹地、中华文明轴心区。

推荐游玩时间：1天，综合考虑可住市中心。

 推荐住宿

郑州弘润华夏大酒店、仟那隐居酒店未来路店、郑州仟那园说精品酒店、速8酒店火车站店、锦江之星火车站店。

 推荐游玩路线

黄河风景名胜区、河南博物馆。

如有时间，还可以去黄帝故里、黄河大桥、北宋皇陵、二七广场等地游玩。

 美食

胡辣汤、羊肉汤、烩面及各种面食。

 推荐餐馆

仲记酒楼、成师傅大长垣美食、洛阳面馆、葛记焖饼、合记烩面馆、老蔡记、萧记三鲜烩面。

 郑州→开封

从郑州到开封可坐火车或汽车。

开封，古称汴京，有"十朝古都""七朝都会"之称，开封是世界上唯一一座城市中轴线从未变动的都城，城摞城遗址在世界考古史和都城史上绝无仅有。开封亦是清明上河图的原创地。

推荐游玩时间：1～2天，综合考虑建议住鼓楼附近。

 推荐住宿

开封开元名都大酒店、开封百合汇主题酒店、速8酒店（清明上河园黄河大街店、鼓楼街鼓楼广场鼓楼店）、莫泰168鼓楼广场店。

 推荐游玩路线

D1： 铁塔公园→清明上河园。

D2： 开封府→大相国寺→包公祠。

清明上河园全天都有当地的特色表演。晚上有大型的水上演出，买了演出的票就可以不用再买门票了。

如果有时间，还可去天波杨府、繁塔（开封地区兴建的第一座佛塔，也是开封地区现存最古老的建筑之一）等景点游玩。

 美食

套四宝、杏仁茶、炒凉粉、灌汤包、开封锅贴、羊双肠等。

推荐餐馆

开封第一楼、黄家小笼包子馆、稻香居、上河城小吃街、鼓楼夜市。

这条旅游线路到此结束，游客可到郑州选乘交通工具回家。

开封府清心楼

开封府

2007-10-21 09:39:34　开封清明上河园

开封清明上河园

线路十二

济南→泰安（泰山）→曲阜→枣庄（台儿庄）

济南趵突泉

济南

济南，因境内泉水众多（号称七十二名泉），被称为"泉城"，素有"四面荷花三面柳，一城山色半城湖"的美誉，是首批中国优秀旅游城市。趵突泉、大明湖和千佛山是济南三大名胜。

推荐游玩时间：1～2天，建议住历下区大明湖或趵突泉附近。

 推荐酒店

山东舜和酒店、济南索菲特银座大饭店、丽枫酒店（世茂国际广场店）、济南途家斯维登服务公寓（世茂国际广场）；如家快捷酒店（趵突泉店、大明湖少年路店）、锦江之星大明湖店。

推荐游玩路线

D1：趵突泉公园（园内包括趵突泉、漱玉泉、金钱泉等泉）→泉城广场→大明湖公园→芙蓉街。

D2：千佛山→黑虎泉。

如有时间，还可以去五龙潭公园（包括月牙泉、玉泉等泉）、山东博物馆、珍珠泉、洪楼教堂等地游玩。

美食

九转大肠、油旋、坛子肉、把子肉、酥锅、糖醋鲤鱼等。

推荐餐馆

燕喜堂、聚丰德、汇泉楼、草包包子铺、心佛斋素菜馆、老玉记、芙蓉街。

济南→泰安

从济南到泰安可坐火车（高铁）或汽车。

济南泉城广场

济南大明湖

泰山十八盘　　　　　　　泰山天外村　　　　　　　泰山天街

泰安
（泰山）

　　泰安，因是泰山所在地，成为一个纯旅游城市。泰山，五岳之首，世界文化遗产和世界自然遗产，中外闻名的旅游胜地。

　　推荐游玩时间：1～2天，建议住泰安青年路一带，山顶上的天街也有住宿。

 推荐住宿酒店

　　泰安：泰安东尊华美达大酒店、泰安华泰大酒店、如家快捷酒店（虎山路岱庙红门店、擂鼓石大街泰山天外村店）、7天连锁酒店（汽车站店）、锦江之星（岱庙青年路店、龙潭路天外村店）、鲁科88商务连锁酒店（泰安银座店）。

　　泰山顶的酒店：泰安神憩宾馆、泰安南天门宾馆、泰山仙居宾馆。

 推荐游玩路线

　　爬泰山是个体力活，建议老年人坐缆车上下。

　　可从天外村坐旅游大巴到中天门，乘缆车到南天门，逛天街、玉皇顶，乘索道下山。

 美食

　　泰山烧饼、三美汤、赤鳞鱼等。

 泰安→曲阜

　　从泰安到曲阜可坐火车或班车。

曲阜

曲阜孔庙　　　　曲阜孔府　　　　曲阜孔林

曲阜，历史文化名城，孔子的故乡，因孔子而闻名，市内有著名的"三孔"：孔府、孔庙、孔林。

推荐游玩时间：1～2天，建议住曲阜市中心近三孔游览区的地方。

 推荐酒店

曲阜香格里拉大酒店、曲阜夫子宾舍家教文化精品酒店、曲阜阙里宾舍、曲阜铭座杏坛宾馆、如家快捷酒店（三孔店、孔府店）、7天连锁酒店（三孔店）、汉庭（旅客中心店）。

 推荐游玩路线

孔府→孔庙→孔林→曲阜古城。

三孔建筑保存比较完好，文化底蕴很深，建议听导游讲解。孔府和孔庙挨着，孔林相对远一点，步行大概半小时。

孔林清明期间有祭祖活动，运气好可以碰到。

有时间还可以去颜庙、尼山等地游览。

 美食

煎饼、孔府宴、熏豆腐、带子上朝等。

 推荐餐馆

阙里宾舍对外餐厅、孔府御膳坊、春秋大酒店、曲师大东门小吃街、鼓楼五马祠小吃街。

 曲阜→枣庄

从曲阜到枣庄可乘火车（高铁）或班车。

台儿庄古城

台儿庄古城

台儿庄古城

枣庄
（台儿庄）

枣庄，中国首个二战纪念城市，台儿庄战役在此爆发，著名的铁道游击队在此诞生。

推荐游玩时间：1～2天，建议住枣庄市区或台儿庄古城。

推荐住宿酒店

枣庄正昇园酒店、枣庄大酒店、枣庄台儿庄复兴酒店（住宿岛客栈）、枣庄东河驿酒店、枣庄台儿庄复兴酒店（民国风情客栈）、如家快捷酒店（光明大道京沪高铁站店）

推荐游玩路线

台儿庄运河古城。

台儿庄运河古城为新建的，面积很大，主要景点包括关帝庙景区、西门安澜景区等八大景区。分别对应九水汇川、台城旧志等运河古城八景，规划建设了参将署、泰山行宫、兰陵书院等 29 个景点。

有时间还可以去微山湖湿地旅游区、红河湿地（夏天比较合适）抱犊崮、铁道游击队纪念园等地游玩。

美食

枣庄羊肉汤、枣庄辣子鸡、枣庄菜煎饼、糁汤、微山湖鸭蛋等。

枣庄→徐州

从枣庄到徐州可乘火车（高铁）或班车。

这条旅游线路到此结束，游客可以到济南或徐州选乘交通工具回家。

第三章

避暑者之旅

　　"五岳寻仙不辞远，一生好入名山游"，诗仙李白一生多半时间在漫游中度过，他钟情流连于青山碧水之间，以澎湃的激情写出了众多异彩纷呈的山水诗篇，让人们在欣赏他的美丽诗句的同时，也对他诗中所描绘的山水风景心生向往。

　　夏天天气炎热，虽然不太适合老年人出行，但我国有许多避暑胜地，这些地方多为山区，其中不乏名山，如庐山、黄山等。老年人可选择在这些地方多停留一段时间，以达到旅游和避暑的双重目的。一边欣赏美丽山景，一边吟诵诗仙的山水诗篇，此乃人生快事矣。

线路一

九江（庐山）→景德镇→婺源→三清山→黄山

九江
（庐山）

九江，古称浔阳，旅游资源丰富，辖区内有庐山风景区和中国最大的淡水湖——鄱阳湖。

庐山风景区是著名的避暑胜地，景区内有湖泊，有瀑布，有险峰，也有平缓的草场和植物园，还有丰富的人文景观。山上旅游设施完备，吃住行都很方便，价格也不算贵，是老年人旅游的理想场所，建议多住几天。

推荐游玩时间：2～7天，市内建议住浔阳区，山上建议住牯岭街一带。

 推荐住宿酒店

市区：九江远洲国际大酒店、九江信华建国酒店、汉庭酒店浔阳路步行街店、格林豪泰火车站前弘祥商务酒店、九江威尼斯王朝酒店、如家快捷酒店快捷酒店浔阳路步行街店、甘棠湖三中店。

山上：庐山牯岭大酒店、庐山仙境酒店、庐山香山苑7号度假山庄、庐山东韵阁观云宾馆、庐山洞天别墅、庐山温馨99商务宾馆。

 推荐游玩路线

D1： 浔阳楼→甘棠湖（烟雨亭）→庐山。
D2： 如琴湖→花径→锦绣谷→仙人洞。
D3： 芦林湖→含鄱口→五老峰。
D4： 三叠泉（上下山路，根据自身情况谨慎选择）。
D5： 乌龙潭→龙首崖→石门涧。

 九江→庐山

九江汽车总站有到庐山的班车，半小时车程，终点是庐山上的牯岭街。途中经过庐山景区大门时，要下车买门票。

后四天行程中的景点都在庐山上，可根据自己的情况取舍和选择游玩顺序。

九江浔阳楼

庐山

庐山五老峰

其他时间可以参观美庐、庐山会议会址、名人别墅、植物园以及看电影《庐山恋》等活动，下山后还可以去秀峰、白鹿洞书院、琵琶亭、锁江楼等景点游玩。

美食

麻辣鱼、萝卜饼、庐山石鸡、石鱼、石耳等。庐山的云雾茶也很有名。

推荐餐馆

味界聚福楼、浔城十三香、快活林麻辣鱼、四姐妹萝卜饼、九龙街、柴桑大市场小吃街。

九江→景德镇

从九江到景德镇可坐班车。

庐山仙人洞

庐山花径

景德镇

景德镇，世界著名的"瓷都"，可了解中国陶瓷艺术的发展历史，品尝古典文化盛宴。

推荐游玩时间：1天，综合考虑建议住昌江区和珠山区。

推荐住宿酒店

景德镇途家斯维登度假公寓（伴山洋房）、景德镇水晶璞邸酒店、景德镇佰年尚庭精品酒店、景德镇海慧酒店、如家快捷酒店（瓷都大道店）、锦江之星（景德镇店）。

推荐游玩路线

陶瓷历史博览区→古窑民俗博览区→景德镇民窑博物馆→浮梁古城。
还可以去瑶里古镇、洪岩仙境等地游玩。

美食

苦槠豆腐、碱水粑、冷粉、瓷泥煨鸡、饺子粑等。

推荐餐馆

老八汤店、毛仔特色小吃、麻辣婆、东门头和七小小吃街。

景德镇磁窑

艺术瓷器

景德镇→婺源

景德镇到婺源可坐班车。

（详见探春之旅线路五）

（详见探春之旅线路四）

黄山梦笔生花

这条旅游线路到此结束，游客可以在黄山市选乘交通工具回家。

线路二

宜昌（葛洲坝）→恩施→神农架→十堰（武当山）→襄阳（隆中）

宜昌
（葛洲坝）

（详见探春之旅线路七）

宜昌到恩施，可以坐火车也可以坐班车。恩施州有机场。

如果从武汉、重庆方向过来，可以先坐动车到恩施，然后再到宜昌。

恩施

从恩施土家族苗族自治州，位于湖北省西南部，是湖北省唯一的少数民族自治州，民族风情浓厚。冬少严寒，夏少酷暑，是夏天避暑的好去处。

恩施景点比较分散，人多建议包车旅行，可以节省时间，多玩一些景点。

推荐游玩时间：2~3天，建议住恩施市市中心或利川市中心（腾龙洞离利川近）。

推荐住宿酒店

武陵都宾馆、恩施半湾酒店、华德国际大酒店、如家快捷酒店航空大道店。

推荐游玩路线

D1： 土司城（半天时间就够）。

D2： 恩施大峡谷。

D3： 腾龙洞。

腾龙洞风景名胜区是国家地质公园，洞中有山，山中有洞，水洞旱洞相连，主洞支洞互通。洞中每天有1小时的《夷水丽川》土家风情表演、20分钟的激光秀。

有时间还可以去梭布垭石林、鱼木寨、大水井建筑群等地游玩。

利川腾龙洞

恩施土司城

恩施大峡谷

绝壁栈道

一柱香

美食

各种"格格"、合渣、炕土豆等。

推荐餐馆

巴人堂、张关合渣、一流美食城（利川市）。

恩施→神农架

从恩施到神农架可以坐车到宜昌然后转车到神农架（推荐），也可以坐车到巴东县转车到兴山县再转车往神农架。

神农架神农谷

神农架

板壁岩景区

神农顶

神农架大九湖

神农架林区位于中国地势第二阶梯的东部边缘，气温偏凉而且多雨，夏天凉爽无比。这里有"华中第一峰"，有茂密的原始森林和高山草甸，也有神秘的野人传说。

林区内景点比较分散，各个景区之间没有专线车，只能坐各个镇之间的班车路过景区时下，所以交通不是很方便，人多建议包车，也可以拼车。

推荐游玩时间：2~3天，建议住木鱼镇或松柏镇，有些景点里也有住宿。

推荐住宿酒店

神农架惠苑国际大酒店、神农架隐约咖啡客栈、五悦景区连锁酒店（神农架店）、神农架避暑山庄、盛景怡家酒店（神农架店）。

推荐游玩路线

D1: 神农顶景区（包括神农顶、金猴岭、"野人"梦苑、风景垭石林、板壁岩石林、猴子石、太子垭、保护区了望塔等景点）。

D2: 天燕风景区（包括犀牛洞、燕子垭、燕子洞、幽涧桥、蘑菇岩、燕天飞渡、会仙桥、天门垭等景点）。

有时间还可以去大九湖景区（神农顶景区方向）、红坪画廊（天燕景区方向）、神农坛景区、官门山景区、香溪源风景区、天生桥景区、野人谷等景点游玩。

神农架夏天气候多变，请带好外套和雨具。

美食

渣广椒、坨坨肉、懒豆腐等。

神龙架→十堰

从神农架到十堰有直达班车，木鱼镇和松柏镇都有。到十堰后再转车去武当山。

武当山

武当山

 十堰
（武当山）

十堰，著名的汽车城，道教圣地武当山和南水北调中线工程调水源头丹江口水库在其境内，气候复杂多样，素有"高一丈、不一样""阴阳坡、差得多"之说。一般到十堰旅游的，都要去武当山。

推荐游玩时间：1～2天，建议住武当山景区内，山上乌鸦岭至朝天宫沿线有住宿，金顶也有住宿，也可以住十堰市或丹江口市市区内。

 推荐住宿酒店

景区：武当山建国饭店、武当山宾馆、国宾大酒店武当山旗舰店、武当山太极会馆、武当山同福客栈南岩分店（金顶附近）、武当山琼台宾馆。

十堰市：十堰武当国际酒店、十堰纽宾凯欣玺来国际酒店、汉庭酒店（人民广场店、天津路店）。

 推荐游玩路线

D1： 太子坡→逍遥谷→紫霄宫→南岩宫→乌鸦岭（逍遥谷上午10点半和下午3点半有武术表演）。

D2： 梅朗祠→清神道→金顶→八仙观→磨针井。

如果是一日游的话，早上游八仙观、琼台景区，然后乘索道至太和宫，上金顶，从清神道下山至南岩，在乌鸦岭乘坐观光车至紫霄宫、逍遥谷、太子坡沿线参观，然后再乘车至磨针井，出景区。

景区内有索道上下，如果想看日出，建议住金顶附近。

有时间还可以去武当山市区内的武当大剧院观看演出《太极武当》，也可以去丹江口水库游玩。

 美食

凉虾、三合汤、沔阳三蒸等。

 推荐餐馆

景区玉虚宫一带的"永乐盛世"仿古街，还可以品尝武当山道家斋饭。

 武当山→襄樊

从武当山到襄樊可以坐火车或班车。

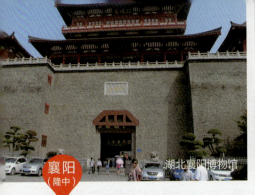

湖北襄阳博物馆

湖北襄阳大唐影视城

襄阳
（隆中）

襄阳，汉水穿城而过，分出南北两岸的襄阳及樊城，自古乃兵家必争之地，而又因为"三顾茅庐"的故事而更加声名远扬。

推荐游玩时间：1～2天，建议住市区。

推荐住宿酒店

襄阳万达皇冠假日酒店、襄阳和驰上品大酒店、长虹大酒店襄阳长源店、如家快捷酒店（火车站店）、7天连锁酒店（鼓楼店）、汉庭酒店华洋堂店。

推荐游玩路线

古隆中→襄阳古城墙→夫人城。

美食

还可以去襄阳唐城影视基地、仲宣楼、鱼梁洲、广德寺、米公祠等地游玩。

豆腐面、孔明菜、炸馍、金刚酥、牛肉面等。

推荐餐馆

新富贵酒轩、老襄阳土菜、襄樊一品香小吃（广场总店）、回民街牛肉面。

这条旅游线路到此结束，游客可以在襄阳或到武汉选乘交通工具回家。

襄阳古隆中

线路三

张家界（武陵源）→凤凰古城→德夯→吉首

张家界（武陵源）

张家界，因旅游而建市，张家界国家森林公园是我国第一个国家森林公园，武陵源自然风景区也被列入《世界自然遗产名录》。景区最具特色的是石英砂岩峰林地貌，为世界罕见。气候适中，夏季凉爽宜人。美国大片《阿凡达》和我国的电视剧《西游记》都曾在这取景。

交通：张家界市有飞机场、火车站，北方的游客可以从北京、郑州坐火车直达，南方的朋友可以从南宁、柳州、昆明、贵阳坐火车直达；或者先到长沙，然后在长沙汽车西站或汽车东站转汽车到张家界，全程高速，车次也很多。

张家界火车站、汽车站外都有直达景区的班车。

推荐游玩时间：3～4天，建议住景区附近的索溪峪，如果待的时间长可住景区内的杨家界、袁家界等地。

 推荐住宿酒店

张家界青和锦江国际酒店、张家界韦斯特大酒店、张家界大成山水国际大酒店、张家界圣多明歌国际大酒店、格林豪泰大桥路紫舞公园店、张家界和熙客栈等。

袁家界

湖南张家界天门山

👍 推荐游玩路线

D1：金鞭溪→袁家界。
D2：袁家界→杨家界。
D3：天子山→御笔峰→十里画廊。
D4：天门山。

👍 美食

三下锅、酸鱼肉、腊鱼肉、血豆腐等。

👍 推荐餐馆

唐师傅土家食府、胡师傅三下锅、湘里人家、老武鱼头店、回龙路美食街。

👍 张家界→凤凰古城

张家界中心汽车站有直达凤凰古城的班车，也可以坐火车到吉首，再转车到凤凰古城。

张家界天子山

张家界袁家界

沱江吊脚楼

万名塔

凤凰古城夜景

凤凰古城

凤凰古城，位于湘西土家族苗族自治州西南部，是一个以苗族、土家族为主的少数民族聚集地，被评为国家历史文化名城，因沈从文的小说《边城》而使凤凰古城闻名于世。

推荐游玩时间：1～2天，建议住沱江边吊脚楼或古城中客栈。

 推荐住宿客栈

凤凰四月天客栈、凤凰柚子客栈、凤凰城精品酒店、凤凰县政府宾馆、凤凰北一门临江客栈、凤凰揽奇居客栈。

推荐游玩路线

凤凰古城内各景点：沈从文故居、熊希龄故居、杨家祠堂、田家祠堂、万名塔、文昌阁、回龙阁吊脚楼、北门城楼、沱江跳岩、守翠楼、石板老街、虹桥等，另外还可以在沱江上泛舟游玩。

有时间还可以去古城周边的南方长城、芙蓉镇等地游览。

美食

血粑鸭、凤凰凉粉、姜糖、米豆腐、酸菜鱼、社饭、桐叶粑粑等。

推荐餐馆

万木斋、老根饭店、虹桥烧烤一条街。

凤凰古城→吉首→德夯

从凤凰古城到德夯得先从凤凰坐车到吉首，然后转车去德夯。

湘西芙蓉镇

湘西芙蓉镇土司楼

德夯

德夯，苗语为"美丽的峡谷"，距吉首 20 公里，九龙溪穿德夯苗寨而过，四周山色清幽，悬崖如削。

推荐游玩时间：1 天，如果住宿建议住德夯苗寨。

推荐游玩路线

德夯苗寨→九龙溪景区→流纱瀑布。

玉泉溪景区→问天台。

在景区可以看到民族服装表演和苗族文化活动，尤其是推牛等名俗活动。

美食

桃花虫、酸鱼腊肉等。

这条旅游线路到此结束，请从德夯坐班车回吉首，再从吉首到长沙，选择交通工具回家。

湘西德夯流沙瀑布

线路四

贵阳→织金洞→安顺→黄果树瀑布→贵阳→遵义→重庆

贵阳黔灵公园

贵阳

贵阳，贵州省省会，我国著名的凉都，气候宜人，环境舒适，有西南小香港之称。到贵阳的交通工具选择多样，乘飞机、火车、汽车都可以到贵阳。

推荐游玩时间：1～2天，建议住南明区。

 推荐住宿酒店

贵阳喜来登贵航酒店、贵阳铂尔曼大酒店、贵州峰润喀斯特酒店、贵阳芭缇雅泰式公馆酒店、7天连锁酒店（花果园店、中华南路店）、锦江之星（解放路店）、如家快捷酒店（解放路店、火车站店）。

 推荐游玩路线

D1： 甲秀楼→黔灵（山）公园。

D2： 青岩古镇。

如果有时间，还可以去花溪公园、红枫湖、天河潭、南江大峡谷、息烽集中营等地游玩。

 美食

丝娃娃、肠旺面、炖鸡饭、泡椒板筋、酸汤鱼、状元蹄、花江狗肉等。

 推荐餐馆

花溪飞碗牛肉粉、雷家豆腐元子、金牌罗记肠旺面、土风豆米火锅、杨姨妈丝娃娃、万家花江狗肉、醉苗乡苗菜酒楼、合群路小吃街、陕西路小吃街和二七路（近火车站）小吃街。

 贵阳→织金洞

从贵阳到织金洞可在金阳汽车站坐到织金县的班车，途中在离织金县城不远的三甲下车，然后转乘当地的私家车去织金洞景区；也可以乘火车到织金县城然后，转车到织金洞。

织金洞

织金洞原名打鸡洞，它是一个多层次、多类型的溶洞，洞长 6.6 公里，它是一座规模宏伟、造型奇特的洞穴资源宝库，有"溶洞之王"的美誉。

推荐游玩时间：半天。

推荐游玩路线

由于整个洞穴景区的游览路线是单向行走路线，所以只要进洞就必须走完全程，从出口出来以后再搭乘电瓶车回到景区门口。

织金洞→安顺

游览完织金洞，可在洞外乘车到安顺。

贵州织金洞

贵州织金洞

安顺天龙屯堡的老学校

安顺天龙屯堡的茶驿

安顺

安顺，素有"中国瀑乡""屯堡文化之乡""蜡染之乡""西部之秀"的美誉，境内有黄果树大瀑布、龙宫、云山屯、天龙屯堡等风景名胜，旅游资源丰富。安顺有机场其航班可直达全国各地。

推荐游玩时间：1天，建议住安顺市中心。黄果树镇上也有住宿。

 推荐住宿酒店

安顺葡华大酒店、安顺珀尔斯酒店、城市便捷酒店（火车站店）、7天优品酒店（火车站广场店）、如家快捷酒店（塔山广场店）。

 推荐游玩路线

龙宫（市内客车站有专线车）。

龙宫有着全国最长最美的水溶洞，大概需要花半天的时间游览。游完龙宫，坐车回安顺。

如果有时间还可以去看看云山屯屯堡古建筑群、天龙屯堡等地。

 美食

荞凉粉、冲冲糕、锅渣、裹卷等，在安顺的顾府街小吃一条街可以吃到。

 安顺→黄果树

从安顺到黄果树景区可在客运东站坐班车。贵阳金阳汽车站也有直达黄果树景区的班车。

黄果树大瀑布，古称白水河瀑布，丰水季节，非常壮观，是中国最著名的瀑布，也是世界上著名大瀑布之一。

推荐游玩时间：1 天，建议住安顺市中心，黄果树镇上也有住宿。

 推荐住宿酒店

天星桥→陡坡塘景区→黄果树大瀑布→水帘洞。

景点之间有交通车来往。丰水季节注意带好雨具。

从黄果树瀑布可以坐班车到贵阳。

 黄果树→贵阳→遵义

到此，可以结束这段旅程。如果还有旅游的兴致，可以往黔东南或黔南继续旅行（详见探春之旅线路十），也可以经遵义往重庆方向旅行。

贵阳可坐火车或班车前往遵义。

黄果树大瀑布

黄果树大瀑布

遵义会议旧址
遵义

遵义，黔北重镇。1935 年，中国共产党在这里召开了著名的"遵义会议"，成为了党的生死攸关的转折点，被称为"转折之城，会议之都"。它是红色旅游必到之地。

推荐游玩时间：1 天，建议住火车站到遵义会议旧址一带。

 推荐住宿酒店

遵义世纪柏源酒店、遵义 72 行 CITY HOTEL 精品酒店、遵义华南大酒店、如家快捷酒店国贸广场店。

 推荐游玩路线

红军山→遵义会议旧址→红军街。

如果有时间还可以去红军总政治部旧址，遵义附近的茅台镇和娄山关等地游览。

 美食

豆花面、羊肉粉、乌江片片鱼、折耳根炒腊肉、洋芋粑粑等。

 推荐餐馆

丁字口羊肉粉、捞沙巷一条街。

 遵义→重庆

从遵义到重庆，可以坐火车或班车。

重庆

（详见探春之旅线路七）

重庆大轰炸惨案遗址

武隆天福官驿

重庆武隆天坑

线路五

青岛→威海→烟台→大连→沈阳

青岛

青岛，著名的海滨旅游城市，世界啤酒之城，世界帆船之都。

推荐游玩时间：2～3天，建议住栈桥到奥帆中心的近海边地区。也有一些家庭旅馆可供选择。

 推荐住宿酒店

青岛海景花园大酒店、青岛威斯汀酒店、青岛证大喜玛拉雅酒店(石老人风景区)、桔子·水晶酒店（五四广场海景店）、桔子酒店·精选（五四广场店、江西路店）、乐家轩雅致精选公寓奥帆（五四广场店）、青岛君品海岸酒店（火车站栈桥青医附院店）、如家快捷酒店（龙口路店、五四广场香港西路店）、（青岛栈桥）如家快捷酒店观海公寓、青岛海君府精品酒店、汉庭酒店(开发区太行山路店)(金沙滩风景区)、青岛途家斯维登度假公寓（金沙滩·青岛印象）。

 推荐游玩路线

D1：栈桥→小青岛→鲁迅公园→第一海水浴场→金沙滩。

D2：信号山→八大关→第二海水浴场→五四广场→奥帆中心。

D3：崂山→北九水。

金沙滩位于青岛黄岛区黄海之滨，是青岛最好的一片海滩，也可以单独安排一天游玩。

从第一海水浴场到金沙滩可乘坐旅游1号线，在火车站旅游汽车站下车后，在火车站长途汽车站乘坐都市观光2线到金沙滩西站下车。

还可以去极地海洋世界、石老人浴场、天主教堂、基督教堂、青岛德国监狱旧址博物馆、台东步行街等地游玩。

 美食

青岛啤酒、海鲜。

老有所乐
——爷爷奶奶去哪儿

推荐餐馆

春和楼、聚福楼、三盛楼、船歌鱼水饺、劈柴院高家锅贴、九龙餐厅、李记饺子楼、云霄路中苑美食街、登州路啤酒街。

青岛→威海

从青岛到威海可坐火车或班车。

青岛市容

青岛奥帆中心

威海成山头

威海海驴岛

威海

威海，别名威海卫，著名海滨度假之城，中国近代第一支海军的发源地，甲午海战的发生地。

推荐游玩时间：1～2天，建议住高区海滨浴场（西海岸）或海源公园到海上公园（东海岸）沿线。

 推荐住宿酒店

威海阳光大厦、威海百纳中心大酒店、威海铂丽斯国际大酒店、无花果海岸精品客栈火车站店、威海海悦建国饭店、威海白石酒店、锦江之星海滨南路店。

 推荐游玩路线

D1： 刘公岛：森林公园→甲午海战博物馆→刘公庙→博览园。

D2： 威海国际海滨浴场。这里沙子很细，海滩很美。

还可以去荣城的成山头看日出（中国最早的日出），去荣成海驴岛、乳山银滩度假区游览。如果是冬季，还可以到荣城天鹅湖看天鹅。

 美食

大馅鲅鱼饺子、起糕以及各种海鲜。

 推荐餐馆

道一阁威海记忆主题餐厅、净雅饭庄、海洋长城餐厅、神龟馅饼（海港路店）、义重餐厅。

 威海→烟台

从威海到烟台可坐班车。

烟台

烟台长岛

烟台蓬莱阁

烟台，中国历史文化名城，有中国最佳休闲城市、中国最安全城市之一、中国十大幸福感城市之一、中国十大最美丽城市之一等头衔。

推荐游玩时间：2～3天，建议住蓬莱和长岛各一天。

 推荐住宿酒店

蓬莱：华玺酒店、莱天海别墅酒店、蓬莱饭店、蓬莱宏运大酒店、汉庭（蓬莱阁景区店）、锦江之星（蓬莱阁钟楼北路店）、如家快捷酒店（登州路振华店）。

长岛：蓬达海景分时度假酒店、鑫雅酒店、小谢观海公寓、朝阳观海自助公寓、金诚渔家。

 推荐游玩路线

到烟台后直接坐大巴到蓬莱，18点前都有班车。蓬莱到长岛的船也很多。

D1： 蓬莱阁→长岛。

D2： 长岛。

D3： 周围小岛。

长岛到周围其他岛屿（庙岛、大黑山岛、小黑山岛、砣矶岛、大钦岛、小钦岛、南隍城岛、北隍城岛），每天有固定航班往来这些岛屿之间。

有时间还可以去蓬莱三仙山、长岛的林海公园等地游玩，长岛也适合多住几天。

 美食

烟台焖子、蓬莱小面、八仙宴以及各种海鲜。

 推荐餐馆

鼎盛食府、蓬莱老船长渔家公寓、蔡记咸鱼饼子、抹直口特色菜馆、戚继光故里兵器烧烤街。

 烟台→大连

从烟台到大连，建议在烟台港客运站坐到大连港的船，船程7小时。

大连

大连棒棰岛

大连金石滩

大连

大连，位于辽东半岛南部，气候宜人，有"东北之窗""北方明珠""国际花园城市"的美誉。

推荐游玩时间：2～3天，建议住火车站或星海广场附近。

推荐住宿酒店

大连友好禧玥酒店、大连一方城堡豪华精选酒店（近星海广场）、大连星海假日酒店、桔子水晶友好广场酒店、桔子酒店·精选（希望广场店）、大连友谊宾馆、大连星海雅阁公寓式酒店（近星海广场）、如家快捷酒店（火车站东长江路店、友好广场店）。

推荐游玩路线

D1： 老虎滩海洋公园→星海广场。

D2： 金石滩→黄金海岸。

D3： 旅顺一日游：白玉山→军港→胜利塔→博物馆。

还可以去森林动物园、发现王国主题公园、圣亚海洋世界、棒棰岛等地游玩。如果想去海岛，可以到长海县。

抚顺胜利塔

美食

咸鱼饼子及各种海鲜。

推荐餐馆

苏扬饭店、大连饭店、品海楼（二七店）、东海明珠美食城、新海味。

大连→沈阳

从大连到沈阳可坐火车（高铁）或班车。

沈阳

沈阳北陵

沈阳大帅府

沈阳"九一八"历史博物馆

沈阳，辽宁省首府，旧名盛京、奉天，清王朝的发祥地，中国历史文化名城。清初皇宫所在地——沈阳故宫，是中国现今仅存最完整的两座皇宫建筑群之一。

推荐游玩时间：1～2天，建议住故宫或火车站附近。

推荐住宿酒店

沈阳保成希尔顿逸林酒店、沈阳三隆中天酒店、沈阳海韵锦江国际酒店、沈阳天伦瑞格酒店、如家快捷酒店沈阳中街店、汉庭（和平大街店、故宫店）、锦江之星大东门店。

推荐游玩路线

D1： 大帅府 →沈阳故宫→中街步行街。

D2： 北陵→九一八历史博物馆。

沈阳故宫，位于沈阳市沈河区明清旧城中心，是后金入关前的沈阳（盛京）皇宫和清朝迁都北京后的盛京行宫（或称奉天行宫），清乾隆时期又有较大规模的改建与增修。

有时间还可以去沈阳怪坡、棋盘山、刘老根大舞台、沈阳世博园、辽宁博物馆等地游览。

美食

老边饺子、熏肉大饼、白肉血肠、锅包肉、冷面等。

推荐餐馆

鹿鸣春饭店、明湖春、洞庭春、那家馆、关东大院（塔湾分店）、马家烧麦馆（和平店）、老边饺子馆、老四季面条（十三纬路店）、西塔大冷面、老山记海城馅饼大酒店、李连贵熏肉大饼（皇姑店）、三盛轩回民饺子、宝发园名菜馆。

本条旅游线路旅程结束，游客可在沈阳乘各种交通工具回家。

沈阳故宫

沈阳故宫

线路六

哈尔滨→五大连池→齐齐哈尔→漠河→北极村

哈尔滨

哈尔滨，著名的冰城，地处东北亚中心位置，是第一条欧亚大陆桥和空中走廊的重要枢纽，有"东方莫斯科"之称。每年1月份的冰雪大世界，吸引着全国各地的游客。7~8月份为夏季，气候温热湿润多雨，7月份平均气温19℃~23℃，是避暑的好地方。每年冬季会举办冰雪节，对南方游客来说是极好的观赏时机。

推荐游玩时间：2~3天，建议住中央大街、索菲亚大教堂附近。

 推荐住宿酒店

黑龙江金谷大厦、哈尔滨诺曼蒂酒店、哈尔滨友谊宫、哈尔滨佳客快捷宾馆、哈尔滨俄·欧罗巴宾馆、7天优品酒店（中央大街店）、如家快捷酒店（索菲亚教堂新一百店、中央大街松花江防洪纪念塔店）。

哈尔滨防洪纪念塔

哈尔滨索菲亚大教堂

推荐游玩路线

D1：索菲亚大教堂→中央大街→红梅西餐厅或者马迭尔宾馆。

D2：太阳岛→东北虎林园。

有时间还可以去极地海洋馆、果戈里大街、老道外（中华巴洛克建筑群）、防洪纪念塔、侵华日军第七三一部队遗址、兆麟公园、烈士馆、哈尔滨工程大学、秋林公司等地游览。

 美食

锅包肉、杀猪菜、秋林红肠、熏肉大饼、西餐等。

 推荐餐馆

华梅西餐厅、老仁义、国营开封灌汤包、三八饭店、老太太烧烤、毛毛熏肉大饼。

 哈尔滨→五大连池

从哈尔滨到五大连池景区可去龙运客运站搭乘直达景区的班车，或坐火车到北安站后转车到景区。

哈尔滨中央大街

哈尔滨松花江

哈尔滨虎园

哈尔滨冰雪节

五大连池

五大连池景区被誉为世界地质公园、世界人与生物圈保护区，主要地质遗迹类型为火山地质地貌类。它拥有世界上保存最完整、最典型、时代最新的火山群，被誉为"中国火山博物馆"，也是科学旅游、休假疗养的圣地。

推荐游玩时间：1～2天，建议住五大连池镇近景区。

推荐住宿酒店

新泉山假日酒店、新悦假日酒店、连池宾馆 、顺达宾馆、石油宾馆。

推荐游玩路线

D1：老黑山、三池子。

D2：药泉山→北泉→温泊→龙门石寨。

有时间还可以去火烧山、冰洞、药泉镇等地方游玩，火烧山和老黑山地质形态差不多，选择一个参观就行了。

美食

矿泉水、鱼类。

五大连池→齐齐哈尔

从五大连池景区到漠河，可坐班车或到北安坐火车到齐齐哈尔。

五大连池火山岛

五大连池第三池

五大连池第三池

齐齐哈尔

齐齐哈尔是黑龙江省第二大城市，又称鹤城。齐齐哈尔为达斡尔语，是"边疆"或"天然牧场"之意。国内著名湿地之一、鹤类栖息地的扎龙自然保护区就在此地，这里也是丹顶鹤的故乡。

推荐游玩时间：1～2天，建议住齐齐哈尔市区。

推荐住宿酒店

齐齐哈尔君汇国际酒店、如家快捷酒店快捷酒店（火车站店、龙华路大商新玛特店、龙南街店）、汉庭酒店（中环广场店、火车站店）、全季酒店（卜奎大街店）。

推荐游玩路线

扎龙自然保护区。

火车站有到扎龙的公交 306 路。景区每天有放飞丹顶鹤表演，早上下午都有。

美食

还可以去龙沙公园等地游玩。

老虎菜、手把肉等。

齐齐哈尔→漠河

从齐齐哈尔可坐火车到漠河，也可到黑河乘飞机去漠河。

齐齐哈尔扎龙自然保护区

漠河

漠河北极村

漠河

漠河，中国的最北端，所辖的北极村是我国最北端的村镇，也是我国唯一能看到北极光的地方。

推荐游玩时间：1～2天，建议住漠河县城或北极村。

推荐住宿酒店

县城：漠河国际会议中心、漠河红金鼎大酒店、漠河金马饭店。
北极村：北极村索金大酒店、北极村缘聚客舍、漠河李大妈农家院分店。

推荐游玩路线

D1：北极村→洛古河（黑龙江的源头）。
D2：漠河县城。
有时间还可以去古城岛雅克萨古战场遗址、日伪电厂遗址、胭脂沟等地游玩。

美食

雪鱼炖豆腐、蓝莓、大马哈鱼等。

本次旅行结束，游客可在漠河坐飞机或火车回家，或转到齐齐哈尔或哈尔滨乘交通工具回家。

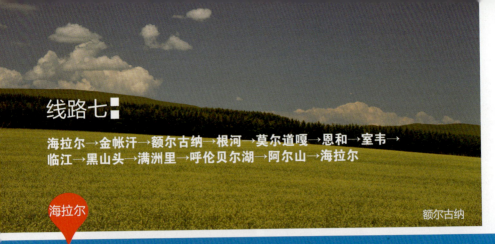

线路七

海拉尔→金帐汗→额尔古纳→根河→莫尔道嘎→恩和→室韦→
临江→黑山头→满洲里→呼伦贝尔湖→阿尔山→海拉尔

海拉尔

额尔古纳

这条线游览的最佳时间应该是 6 ～ 7 月，草原上水草肥美，牛羊漫坡。当然，初秋的时候也很美。草原上昼夜温差大，蚊虫较多，请注意保暖和防虫。这条线路最好选择包车旅行或者参团。当然也可以自驾。

由于这段路都是在草原上，其中的落脚点大部分也是草原上的村镇或景区，所以就不每个地点单独写了。

这条线路的起点是海拉尔，终点可以是阿尔山市，也可以是海拉尔。

海拉尔有机场，通铁路，交通方便，是内蒙古东部旅游的中心城市。

阿尔山市也有机场和铁路。

整个行程推荐游览时间为 7 ～ 10 天，老年朋友可根据自己的情况酌减。

 推荐游览行程安排

D1： 海拉尔→金帐汗蒙古部落→莫日格勒河（第一曲水）→额尔古纳→根河湿地→根河市，宿额尔古纳市或根河市。

 根河市住宿推荐

根河奕居精品酒店、根河阳光假日宾馆。

D2： 根河→敖鲁古雅部落→莫尔道嘎森林公园→白鹭岛→恩和，宿恩和或莫尔道嘎。

内蒙额尔古纳月亮泡子

额尔古纳根河湿地

海拉尔成吉思汗广场

海拉尔成吉思汗广场

D3: 恩和→老鹰嘴→月亮泡子→太平屯→临江,宿临江。

D4: 临江→室韦→7卡5卡→黑山头;或者临江→室韦→额尔古纳→黑山头,宿黑山头。

D5: 黑山头→北疆草原→满洲里,宿满洲里。

满洲里住宿推荐

满洲里香格里拉大酒店、满洲里饭店、满洲里凯旋大酒店、满洲里国际饭店、满洲里福润兴酒店、满洲里大海商务宾馆。

满洲里就餐地推荐

草原饭店、乌勒吉羊粪火自煮手扒肉、卢布里西餐厅(总店)、28号大院、幸福路美食一条街。

D6: 满洲里(套娃广场、国门)→呼伦贝尔湖→满洲里,宿满洲里。

D7: 满洲里→甘珠尔庙→诺门罕战争遗址→伊尔施→阿尔山,宿阿尔山国家森林景区或阿尔山市。

阿尔山市住宿推荐

阿尔山森林度假酒店、阿尔山景荷度假酒店、阿尔山哈伦酒店、阿尔山新长城宾馆。

D8: 阿尔山国家森林公园(石塘林、杜鹃湖、不冻河、阿尔山天池等)→阿尔山市(火车站等),宿阿尔山市。

D9: 阿尔山→阿尔山国际森林公园→海拉尔(成吉思汗广场等),宿海拉尔。

呼伦贝尔湖

金帐汗

1. 根河湿地旅游区位于呼伦贝尔额尔古纳市拉布大林镇的西北郊，为"亚洲第一湿地"，是中国目前保持原状态最完好、面积最大的湿地。

2. 临江到黑山头如果走 5 卡 7 卡，有段路路况不好，行车注意。

3. 阿尔山国家森林公园很大，可以玩 2 ~ 3 天。

全鱼宴、鱼匹子、满洲里三白、奶茶、马奶酒、奶皮子、炒米、炖哲罗鱼炸柳根儿、炸野菜丸子、笨鸡炖小黄蘑、手扒肉、锅茶、涮羊肉、整羊席、烤羊腿等。

满洲里

满洲里套娃广场

莫日格勒河

莫日格勒河

线路八

乌鲁木齐→赛里木湖→伊宁→那拉提→巴音布鲁克→乌鲁木齐

　　这条线路，建议游玩时间为每年 5 ~ 7 月，这个时节，草原上繁花盛开。7 ~ 8 月份则是牧草最肥美的时节。新疆的日落时分是最美的时候，如果您是摄影爱好者，请尽量延长在郊外驻留的时间。新疆日照强烈，昼夜温差大，请注意防晒和保暖。

乌鲁木齐

　　乌鲁木齐是古丝绸之路新北道上的重镇，东西方经济文化的交汇点，中原与西域经济文化的融合处。乌鲁木齐分老城区（东南部）和新城区，老城的居民多为维族人。

　　推荐游玩时间：1 ~ 2 天，建议住新城区或老城和新城结合部。

 推荐住宿酒店

　　乌鲁木齐南航明珠国际酒店、新疆尊茂鸿福酒店、全季酒店（乌鲁木齐红山店）、乌鲁木齐西北石油酒店、乌鲁木齐锦江国际酒店、如家快捷酒店（北园春店、西北路店、七一酱园和平桥店）、锦江之星长江路店、7 天连锁酒店（西北路店、温州街德昌店）。

 推荐游玩路线

D1： 新疆博物馆→国际大巴扎。

D2： 天山天池（北郊客运站和人民公园都有直达车）。

　　新疆维吾尔自治区博物馆最著名的当然是"楼兰美女"（干尸）了。

　　国际大巴扎在南城，也就是老城，这里是维吾尔族人居住区，大巴扎是维吾尔族人从事商业活动的场所，吃的用的一应俱全，如果想买新疆特色的东西，这里是个很合适的地方。

　　有时间还可以去红山、南山、八路军驻新疆办事处博物馆、水磨沟风景区、五彩城等地游玩。

美食

大盘鸡、馕、手抓饭、拉条子、油塔子、各种烤肉等。

推荐餐馆

吾吾子羊羔肉、三号黄面烤肉、魏家羊羔肉、17 号抓饭王、罗嘉米粉、国际大巴扎餐厅、五月花餐厅、小李子血站大盘鸡（西北路店）。

乌鲁木齐→赛里木湖

从乌鲁木齐到赛里木湖，可坐到伊宁的班车，在赛里木湖景区门口下。因车程较长，也可以中途在石河子市或独山子市歇一晚，第二天乘到伊宁的班车在赛里木湖景区门口下。也可坐从乌鲁木齐到伊宁的火车，到精河或伊宁转车到景区。

乌鲁木齐国际大巴扎

乌鲁木齐新疆博物馆

赛里木湖

赛里木湖，古称"净海"，是新疆海拔最高、面积最大的高山冷水湖，以神奇秀丽的自然风光享誉古今中外。湖四周是倾斜低岸，水草丰美，为优良牧场。

推荐游玩时间：1～2天，建议住景区南门外的旅馆客栈。

 推荐住宿酒店

景区内的环湖路修得很好，沿路风景不错，老年朋友可根据自己的体力沿着公路慢慢走就行。

湖畔风景最好的是靠西面的海西草原，草原和景区之间有铁丝网相隔，需有当地人带着过去。如果遇到草原上的哈萨克牧民，可以商量去牧民家中借宿。

 美食

奶茶、牛羊肉等。

 赛里木湖→伊宁

赛里木湖到伊宁可坐班车。

赛里木湖

赛里木湖海西草原

伊宁薰衣草

伊宁伊犁河

伊宁

伊宁，伊犁哈萨克自治州首府，地处伊犁河谷中央，气候冬暖夏凉。现在的伊宁是伊犁河谷的物资交流中心和商品集散地，也是连接霍尔果斯口岸、都拉塔口岸、木扎尔特口岸的中心城市。伊宁有机场。

推荐游玩时间：1～2天，建议住市中心。

 推荐住宿酒店

隆鑫国际酒店（五星楼）、伊宁瑞阳皇冠酒店、八音和酒店（伊宁店）、汉庭酒店（上海城店）、如家快捷酒店快捷酒店（解放路店）。

 推荐游玩路线

D1： 伊犁河大桥、汉人街。

D2： 薰衣草田。

薰衣草田在清水河镇，薰衣草花开每年有三季，6月、7月、8月各一季，从65团团部对面的路进去就可以看到薰衣草地了。

 美食

手抓羊肉，大盘鸡等。

 推荐餐馆

塔里哈提纳仁王、沈派西域老回民清真餐馆、汉人街、解放路餐馆较多。

 伊宁→那拉提

伊宁到那拉提景区，可以坐直达班车，也可以先坐车到新源县，然后转车到景区。

那拉提

观景台

那拉提，意思是"阳光照耀的地方"，那拉提草原，又名巩乃斯草原，是世界上著名的四大河谷草原之一。而那拉提景区所在的恰普河夏季牧场平均海拔在 2000 米以上，是名副其实的空中草原。

推荐游玩时间：1~2 天，建议住景区外不远的那拉提小镇，小镇上的酒店和客栈很多。景区晚 8 点下班，如果是摄影爱好者，建议住景区内的牧民家。景区内也有宾馆。景区门票两天内有效。

 推荐住宿

伊犁那拉提有间客栈、那拉提雪岭避暑山庄（景区内）。

 推荐游玩路线

坐景区提供的观光车游览，分空中草原和河谷草原两条线。到了观光车的终点，旅客可以自由活动。

空中草原很大很美，雪山草地森林小溪都有，遗憾的是观光车只停两站，要看沿路的风景需花很多时间。

 美食

窝窝馕、马肠子等。

 那拉提→巴音布鲁克

从那拉提到巴音布鲁克可在那拉提镇上坐直达班车。

那拉提哈萨克牧民

那拉提空中草原

维族姑娘

巴音布鲁克草原

巴音布鲁克草原九曲十八弯日落

巴音布鲁克

　　巴音布鲁克草原，蒙古语意为"泉源丰富"，是典型的禾草草甸草原，也是天山南麓最肥美的夏牧场。著名的天鹅湖就坐落在草原上，天鹅湖实际上是由众多相互串联的小湖组成的大面积沼泽地，看天鹅最好的时候是每年 6 月初和 10 月份。

　　推荐游玩时间：1 天，建议住离景区 1 公里远的巴音布鲁克小镇。因当地食品均从外地运来，所以较贵。

 推荐住宿

　　白天鹅宾馆。

 推荐游玩路线

　　景区提供观光车，游客坐观光车游览，中途有站可去天鹅湖，终点是著名景点"九曲十八弯"。这里的观光车下班时间为日落后。"九曲十八弯"日落时分非常壮观。景区内蚊虫很多，请带好防蚊药品。日落时分气温下降很快，要注意保暖。

 美食

　　各种牛羊肉等。

 巴音布鲁克→和静→乌鲁木齐

　　从巴音布鲁克先坐车到和静县县城，然后转火车或班车到乌鲁木齐。

线路九

成都→九寨沟→黄龙→若尔盖→郎木寺→夏河→兰州

成都

成都，又名蓉城，自古就有"天府之国"的美称，是国家首批历史文化名城和中国最佳旅游城市。

推荐游玩时间：2～3天，建议住近武侯祠或春熙路附近。

推荐住宿酒店

成都明宇尚雅酒店、成都太成宾馆、成都武侯祠和颐酒店、成都锦里客栈、全季酒店（武侯店）、7 天连锁酒店（武侯祠店）、怡家连锁酒店（武侯祠店）、锦江之星（体育学院店、春熙路王府井店）、如家快捷酒店快捷酒店（武侯祠店）、成都西姆酒店（翰墨）、四川民航大厦宾馆。

推荐游玩路线

D1： 杜甫草堂→武侯祠→锦里。

D2： 都江堰→青城山。

D3： 人民公园（喝茶）→宽窄巷子。

从成都市区到都江堰、青城山可在火车北站坐动车或到茶店子汽车站坐客车。青城山是成都市民避暑的地方，如果夏季到成都，可在青城山多住两天。

人民公园是体验成都人民休闲慢生活的好去处。在公园的茶馆喝喝茶，赏赏花，看看中老年人打打麻将，花 10 元钱掏掏耳朵……

还可以去大熊猫繁育研究基地、青羊宫、金沙遗址、文殊院、春熙路步行街等地游览。

美食

鸳鸯火锅、麻婆豆腐、夫妻肺片、担担面、龙抄手、老麻抄手、钟水饺、韩包子、三大炮、双流老妈兔头等。

👍 推荐就餐地点

小谭豆花（西大街店）、陈麻婆豆腐（西玉龙店）、红星兔丁（武侯祠店）、王妈手撕烤兔（玉林店）、盘飧市 、钟水饺（武侯店）、廖老妈蹄花（东城根店）、红杏酒家、一品天下等众多餐馆和美食一条街。

成都杜甫草堂

成都锦里

都江堰

成都人民公园

成都宽窄巷子

👍 成都→九寨沟

从成都到九寨沟可去新南门车站乘坐直达九寨沟沟口的班车；或去茶店子车站坐到九寨沟县的班车，转车到景区。

成都青城山

四川九寨沟

九寨沟

　　九寨沟，因沟内有九个藏族寨子而得名。它位于四川省阿坝藏族羌族自治州九寨沟县漳扎镇，获"世界自然遗产""世界生物圈保护区"等称号。九寨沟海拔在2000米以上，夏季凉爽，风景宜人，"九寨归来不看水"是对九寨沟景色真实的诠释。九黄机场有往返全国各地的航班。

　　九寨沟景区地形呈"Y"字形，九寨沟由四条沟组成：进沟处不远左边的扎如沟、直走的树正沟、Y字左边的则渣洼沟和右边的日则沟，各景点都分布在这四条沟上。景区内有游览车接送游客到各个景点。三条主沟的交叉点为诺日朗，此处有服务中心，也是换乘车站。

　　九寨沟旺季门票取消了二次进沟的优惠，有效期只有一天，再次进沟只能重新买票。游客朋友需考虑清楚，虽然一天游览完整个景区是完全可以的，但时间有点紧张。

　　如果想一天游完，最好早点进沟（6点半应该就开始售票了），这样可以错开高峰，并且能避开景区限流的问题。

　　如果想住在景区内，建议住树正寨，寨子里几乎每家都能住宿，但是每天早上寨子外都有景区工作人员检查，被查到需补一张交通车票。

　　推荐游玩时间：1～2天，建议住景区外沟口附近。

 推荐住宿

　　九寨沟喜来登国际大酒店、九寨沟星宇国际大酒店、九寨童话精品酒店、九寨沟同九山庄、九寨沟天源豪生度假酒店、九寨沟九源酒店。

九寨沟五花海

九寨沟长海

推荐游玩路线

D1: 上午,游树正群海沟,至沟中树正寨午餐,下午游树正瀑布、老虎海、犀牛海。

D2: 上午游日则沟珍珠滩、金铃海、五花海、熊猫海等景点即折返诺日朗瀑布,下午乘车游则查洼沟至长海终点,当晚返回沟口食宿。

美食

牦牛肉、糌粑、酥油茶等。

推荐餐馆

阿布氇孜

九寨沟→黄龙

从九寨沟到黄龙景区有直达班车。

黄龙

黄龙风景名胜区位于阿坝州松潘县，距九寨沟 144 公里，是世界自然遗产。地表钙化是黄龙景观的最大特色，其中以黄龙沟最为著名，沟内遍布碳酸钙化沉积，并呈梯田状排列，仿佛是一条金色巨龙，并伴有雪山、瀑布、原始森林、峡谷等景观。黄龙景区最高海拔超过 3000 米，游客注意不要剧烈运动，慢慢行走为宜，以防出现高原反应。

推荐游玩时间：1 天，建议返回川主寺居住。

 推荐游玩路线

顺着黄龙溪，游览转花玉池、黄龙寺、五彩池、黄龙洞等景点。

 美食

洋芋糍粑、贝母鸡、奶渣包子等。

游完九寨沟，建议包车来个若尔盖草原一日游，看看草原，游游花湖，肯定有不一样的感受。

 川主寺→若尔盖

从川主寺到若尔盖，若没有直达车可先坐车到松潘县城，然后转乘到若尔盖县城的班车。

黄龙五彩池

若尔盖大草原

若尔盖花湖景区

若尔盖天路

若尔盖
草原

　　若尔盖，当年红军过草地的地方，水草丰茂，牛羊成群，享有"中国最美湿地"的美誉。草原海拔超过 3000 米。夏季是草原的黄金季节，这里天高气爽，能见度很高。天地之间，绿草茵茵，繁花似锦，芳香幽幽，一望无涯。

　　推荐游玩时间：1 ～ 2 天，建议住县城（达扎寺镇）。建议包车前往景点。

推荐住宿

　　若尔盖凯德丰大酒店、若尔盖郎木宾馆、若尔盖噶玛沃措大酒店。

推荐游玩路线

黄河九曲十八弯（唐克）、花湖，沿途欣赏大草原风光。

草原上 6 ~ 7 月份是花开得最繁茂的时候，天气晴朗的时候，花湖非常迷人。黄河九曲十八弯的落日时分是最美的。

还可以去纳摩大峡谷、巴西会议会址等地游玩。

美食

牦牛肉，荞麦面、青稞酒等。

若尔盖→郎木寺

从若尔盖到郎木寺，可坐班车。如果是包车去上述景点，可以让司机送到郎木寺。

若尔盖花湖

若尔盖红军三过草地纪念碑

郎木寺

郎木寺，位于郎木寺镇，是甘肃和四川交界处的一个小镇。白龙河（小溪流）将小镇一分为二，镇上有两座寺庙，江北是赛赤寺属于甘肃碌曲县，江南是格尔底寺属于四川若尔盖县。这里藏、回、汉杂居，喇嘛庙和清真寺共存。

推荐游玩时间：1 ～ 2 天，建议住镇上。

 推荐住宿

碌曲德吉旺木客家、碌曲逹吉国际大酒店、碌曲达吉商务酒店、碌曲郎木寺清秀宾馆、碌曲景源客栈、碌曲藏地青稞国际青年旅舍。

 推荐游玩路线

赛赤寺、寺庙后山上的天葬台、格尔底寺、大峡谷、红石崖等。
这里海拔有 3000 多米，注意保暖，不要剧烈运动。

郎木寺→合作→夏河

郎木寺到合作有直达班车，到合作后再转车到夏河。
这段路上有尕海、扎尕那等风景区，如果想到这些地方游览，建议包车前往。

甘肃赛赤寺

甘肃郎木寺

夏河拉卜楞寺

夏河

夏河县，因大夏河水而得名。县城驻地拉卜楞镇西南隅有著名的拉卜楞寺，它是藏传佛教格鲁派六大寺院之一，被誉为"世界藏学府"。这里享有"中国小西藏"和"东方梵蒂冈"的美称，是甘南香巴拉之旅的必游之地。

推荐游玩时间：1～2天，建议住拉卜楞镇。

 推荐住宿

夏河玖盛饭店、夏河萨拉宾馆、夏河平安快捷宾馆、夏河水晶宾馆、夏河宝马宾馆二部。

 推荐游玩路线

拉卜楞寺。

还可以去桑科草原、八角城、白石崖等地游玩，建议包车前往。

 美食

灌汤包、牛肉面等。

 夏河→兰州

从夏河到兰州可坐直达班车，也可坐车到合作后转车去兰州。

兰州黄河

兰州黄河大桥

黄河母亲雕像

兰州

兰州是甘肃的省会，南北群山对峙，黄河穿城而过（兰州是黄河唯一穿城而过的省会城市），市区则沿黄河两岸向东西方延伸发展，形成一个形态狭长的城市。 兰州历史悠久，是古丝绸之路上的重镇。

推荐游玩时间：1 ~ 2天，综合考虑建议住城关区近张掖路或者火车站附近。

 推荐住宿酒店

甘肃国际大酒店、兰州温商长江大酒店、兰州蓝宝石大酒店、全季酒店（天水南路店）、飞天美居精选酒店（火车站店）、宜必思酒店（张掖路店）、汉庭酒店（火车站店、五泉广场店）、锦江之星（火车站店）。

 推荐游玩路线

D1： 白塔山→黄河第一桥→羊皮筏游黄河→黄河母亲雕像。

D2： 五泉山→城隍庙→甘肃博物馆（铜奔马）。

还可以去水车博览园（免费）、张掖路步行街、兴隆山等地游玩。

另外，如果要去景泰县的黄河石林国家地质公园，可报团一日游。或坐班车到景泰县城，再转车到景区。

 美食

兰州拉面、牛肉面、酿皮、灰豆子、甜醅子、羊杂碎等。

 推荐就餐地点

马子禄牛肉面（大众巷店）、吾穆勒蓬灰牛肉面、大众高担酿皮、忠华手抓大王（硷沟沿店）、马老六清真餐饮（通渭路店）、杜记甜食 、正宁路小吃夜市、大众巷。

此条旅游线路到此结束，游客可在兰州选乘合适的交通工具回家。

线路十

西宁→青海湖→祁连→门源→西宁

西宁

西宁，青海省首府，地处黄土高原和青藏高原结合部，是通向中原的门户。这是曾经的唐蕃古道咽喉、丝绸南路要道、湟文化的发祥地之一。西宁是一个多民族城市，佛教、伊斯兰教，道教、基督教、天主教五大宗教并存，藏传佛教和伊斯兰教影响尤为深远。塔尔寺是中国六大藏传佛教寺院之一，东关清真大寺是西北四大清真寺之一。

推荐游玩时间：1～2天，建议住大十字百货、西门文化广场到莫家街一带。

 推荐住宿酒店

青海兴旺国际饭店、青海建银宾馆、青海宾馆、和颐酒店（西大街王府井店）、西宁西百宾馆、锦江之星（东大街店、大十字店）、7天优品酒店（大什字店）、莫泰168（西大街王府井店）。

推荐游玩路线

D1： 西关清真大寺、马步芳公馆、莫家街小吃街。

D2： 塔尔寺。

塔尔寺可单独游玩，也可以和青海湖一起游玩。

塔尔寺全景

塔尔寺前的白塔

青海西宁东关清真大寺

　　塔尔寺寺内的酥油花、壁画和堆绣，被称为"塔尔寺三绝"。
　　如果有时间还可以去日月山（也可和青海湖一起游玩）、北禅寺（西宁悬空寺）、青海省博物馆以及湟水河夜景等景点游玩。

美食
　　酸奶、手抓羊肉、尕片面、棒棒鸡、羊肠面、凉粉、酿皮、羊头等。

推荐餐馆
　　马忠食府（莫家街店）、马一刀烤肉美食城、小圆门食府、拜家酿皮（兴海路店）、泉儿头杂碎、五一羊肠面、雅居炕羊排、永庆酸奶、莫家街小吃街。

西宁→青海湖
　　西宁有去青海湖的班车，还可以乘火车前往。

青海湖湖畔

青海湖二郎剑景区

青海湖湖畔

青海湖

青海湖，又名"措温布"，即藏语"青色的海"之意，是我国第一大内陆湖泊，也是我国最大的咸水湖。每年 7 ～ 8 月的青海湖边盛开大片的油菜花。青海湖海拔超过 3000 米，注意保暖和预防高原反应。

推荐游玩时间：2 天，建议住黑马河或鸟岛镇。

如果时间有限，青海湖可只安排一天，即到二郎剑景区（也就是当地人说的 151 基地，这里是游青海湖旅游团必到的地方）游玩后，就返回西宁。

如果有时间，而且精力允许的话，可以安排两到三天进行环湖旅行，建议包车前往祁连、门源连带青海湖一起玩。

 推荐游玩路线

D1： 西宁→ 151 基地→黑马河镇。

D2： 黑马河→茶卡盐湖→鸟岛→西宁。

黑马河是个小镇，是青海湖看日出最佳的位置，但食宿条件一般。早晚温度较低，注意保暖。

如有时间，还可以去沙岛、金银滩、原子城游玩。

 美食

湟鱼（野生湟鱼不能吃，是禁捕品种）、坑锅羊肉等。

 青海湖→祁连

如果要去祁连，也可安排环青海湖三日游，继续包车前往。当然，单独从西宁到祁连也行。西宁到祁连有班车。

青海湖砂岛

青海湖

祁连

"祁连"是匈奴语，意为"天山"。祁连山是青海北部的天然屏障。古为羌地，是通西域之要道，丝绸之路南线经于此，北出扁都口与甘肃省接壤，故有"青海北大门"之称。祁连县是迄今世界上原始生态保存最为完整的地区之一。

推荐游玩时间：1天，建议住祁连县县城。

 推荐住宿酒店

祁连丽晴国际饭店、祁连宾馆、祁连城市客栈。

 推荐游玩路线

卓尔山景区。

卓尔山景区坐落在县城外不远的八宝河北岸，属于丹霞地貌，是游客来祁连必去的胜境。这里也是欣赏油菜花的好去处。

还可以去冰沟风景区、牛心山、三角城等地游玩。

 美食

焜锅、拉皮等。

 祁连→门源

从祁连到门源可以坐班车也可以包车前往。西宁到门源也有班车。

青海祁连卓尔山

青海门源油菜花

门源

门源回族自治县位于青海海北藏族自治州东部，以百里油菜花而闻名。每年的 7 月 18 日～25 日举办的门源油菜花节是门源县最重要的节日。

推荐游玩时间：1 天，建议住门源县城或西宁。

 推荐住宿

门源浩城大酒店、门源浩青宾馆、旭红宾馆。

 推荐游玩路线

门源到处是油菜花田，顺着公路走就可以观赏，也可开车上山观看花海。

看油菜花的地方有达坂山观景台、青石嘴观花台。

还可以去照壁山等地观赏油菜花。

 美食

搓鱼儿等。

游完门源，可以向北往民乐、张掖方向继续游玩，也可回西宁，乘坐合适的交通工具回家，结束旅程。

线路十一

成都→四姑娘山→丹巴→新都桥→康定→泸定→雅安→成都

这条线多行走在在高原地区，虽是夏季，雨天和夜间气温也较低，注意带足保暖衣物，不要剧烈运动，上高原后的头两天不要洗澡，以防出现高原反应（更多注意事项，将在下面一条线路中提及）。

成都

（详见避暑之旅线路九）

从成都到四姑娘山，可在茶店子汽车站买到小金（经映秀、卧龙）的班车票，在日隆镇下车，然后转车到四姑娘山景区。

四姑娘山

四姑娘山，位于四川省阿坝藏族羌族自治州小金县与汶川县交界处，由四座连绵不断的山峰组成，它们从北到南，在3~5公里范围内一字排开，人称"蜀山皇后""东方圣山"。

推荐游玩时间：1~2天，建议住日隆镇。

 推荐住宿地

四姑娘山贵山商务酒店、四姑娘山长坪驿客站、浮生连锁青年旅舍、四姑娘山风起沙飞店、四姑娘山雪域藏家、四姑娘山黑帐篷主题客栈。

 推荐游玩路线

四姑娘山的景点分布在三条沟中，分别是双桥沟（全长34.8公里）、海子沟（全长19.2公里）、长坪沟（全长29公里）。游览每条沟至少需要一天时间，可以徒步也可以骑马，游客根据自己的时间和体力选择进哪条沟、走多远。

双桥沟景点：日月宝镜山、五色山、尖子山、猎人峰、鹰嘴岩、人参果坪、撵鱼坝、盆景滩、红杉林冰川等。

长坪沟景点：喇嘛寺、枯树滩、两河口、木摞子、鸡冠石、老鹰岩等。建议到达两河口或木骡子后往回走。

海子沟景点：长坪村、三锅庄、锅庄坪、老牛园子、大海子、花海子、双海子。

 美食

牦牛肉、羊肉、松茸等。

 四姑娘山景区→丹巴

从四姑娘山到丹巴可先坐从日隆到小金的车，然后转车到丹巴。

四川幺妹峰

四川长坪沟

丹巴

丹巴，位于甘孜藏族自治州的东部，是川西旅游环线上的重要承接点和主要景区之一。丹巴素有"千碉之国""美人谷"之称，是嘉绒文化的发祥地之一。有国内独有、世界罕见的中路、梭坡古碉群，有天人合一、具有浓烈的民族风格的嘉绒藏族民居，有新时期时代古石棺群、土司官寨等风景名胜。

推荐游玩时间：2~3天，建议住丹巴县城或甲居藏寨。

 推荐住宿地

县城：丹巴金珠大酒店、甘孜318快捷汽车酒店丹巴店。
甲居藏寨：丹巴兄弟之家、丹巴嘉绒人家客栈、甘孜阿布藏家客栈。

推荐游玩路线

D1： 丹巴→美人谷→中路古碉群→甲居藏寨，宿甲居藏寨。
D2： 甲居藏寨→梭坡古碉群。
其他景点还有党岭等地，但环境艰苦，路况不好，不建议老年游客前往。

 美食

酸菜包子、香猪腿等。

丹巴→新都桥

在丹巴可坐班车，经八美、塔公草原到新都桥。当然也可以包车或拼车前往。

丹巴甲居藏寨

丹巴碉楼

四川新都桥

四川新都桥

八美协德乡

塔公木雅金塔

新都桥

新都桥是 318 国道上的一个小镇，属于康定县。由于地处 318 国道的南北线分叉路口，新都桥成为了一个重要驿站。又因为附近秋天的景色迷人，而被誉为"摄影家的天堂"。

推荐游玩时间：1 ~ 2 天，建议住小镇及周边客栈。

推荐住宿地

新都桥摄影天堂客栈、康定新都桥天路驿栈、龙门客栈、登巴客栈。

推荐游玩路线

八美镇、塔公草原、塔公寺、木雅金塔、远眺雅拉神山，这些景点都在从丹巴到新都桥的路上。

在新都桥小镇郊外，有观景台，可以远眺雅拉神山，往折多山方向的沿途风景很好，可以边走边拍，"摄影家走廊"指的就是这段路。

从新都桥往西，沿 318 国道经雅江、理塘、巴塘、芒康、左贡可进西藏；经雅江、理塘、稻城、乡城、德荣、德钦或理塘、巴塘、德钦或凉山、攀枝花、昆明到云南。

美食

牦牛肉、糌粑等。

新都桥→康定

从新都桥往康定县城可以坐班车或包车。

四川康定情歌

康定

康定，古称"打箭炉"，位于甘孜东部。自古以来就是康巴地区政治、文化的中心，亦是汉藏茶马互市的中心。《康定情歌》让这里闻名于世，使这里成为"情歌的故乡"。

推荐游玩时间：1~2天，建议住康定县城（炉城镇）汽车站附近。

 推荐住宿地

康定丽景酒店、康定西康印象酒店、康定色夏昂巴酒店、西康情缘大酒店。

 推荐游玩路线

D1: 折多山垭口（从新都桥到康定的路上）、木格措（川西北最大的高山湖泊之一，需租车或拼车前往）。

D2: 去跑马山、二道桥温泉、白海子等。

 美食

康定凉粉、锅魁、牦牛肉，等等。

 推荐餐馆

阿热藏餐、玛拉亚藏餐厅、丁三哥老字号、小兰凉粉。

 康定→泸定

从康定到泸定可以坐班车。

四川折多山垭口

泸定

四川泸定泸定桥

泸定，二郎山西麓的一个县，大渡河由北向南纵贯全境，因"红军飞夺泸定桥"的故事而名扬天下。

推荐游玩时间：1 ～ 2 天，建议住县城或海螺沟景区外的磨西古镇，景区内也有住宿。

 推荐住宿酒地

县城：泸定桥宾馆、泸定宏城酒店、泸定誉马酒店、甘孜川西印象假日酒店。

海螺沟：海螺沟贡嘎神汤温泉酒店、海螺沟新房子精品酒店、海螺沟长征大酒店、海螺沟情歌客栈、海螺沟一念时光旅舍。

 推荐游玩路线

泸定桥→摩西古镇→海螺沟→磨西古镇→雅安。

海螺沟景区位于贡嘎雪峰脚下，以低海拔现代冰川著称于世。其大冰瀑布高1080 米，最宽达 1100 米，是中国至今发现的最高大冰瀑布。

景区内有区间车、索道、滑竿等交通工具带游客到达 1 ～ 4 号营地以及大冰瀑布的顶部。建议自备午餐。

 美食

泸定凉粉、牛羊肉等。

 磨西→雅安

从磨西到雅安可坐班车。

雅安碧峰峡大熊猫基地

雅安碧峰峡大熊猫基地

雅安

雅安市，距成都 140 公里，川藏、川滇西公路交汇处。雅安位于香格里拉、攀西阳光（凉山、攀枝花）、海螺沟冰川三大旅游精品景区连线和多条黄金旅游线路交叉重叠的节点，被国家地理杂志评为中国景观大道——川藏线的起点，是四川省旅游西环线上的大驿站。

推荐游玩时间：1 ~ 2 天，建议住雅安市中心或上里古镇。

推荐住宿酒地

雅安县城：雨都饭店、宜必思酒店（廊桥店）、雅安尚稷·安雅酒店、尚雅欧意酒店、尚客优快捷酒店（东大街店）。

上里古镇：上里古镇栖心缘艺栈、上里古镇江湖客栈、雅安上古中心酒店、雅安鑫泰酒店、雅安上里古镇上里时光客栈、雅安上里古镇江湖四月客栈。

推荐游玩路线

碧峰峡（内有熊猫基地）→上里古镇（四川十大古镇之一）。

还可以去牛背山（中国最大的观景平台，需租车前往，但路况极差，现正在计划修上山索道）、蒙山又叫蒙顶山、周公山温泉等地游览。

美食

雅鱼、哒哒面、阴酱鸡等。

雅安→成都

从雅安可坐班车到成都。

此条旅游线路到此结束，大家可在成都选择合适的交通工具回家。

老有所乐
——爷爷奶奶去哪儿

线路十二

林芝（鲁朗、雅鲁藏布江大峡谷）→拉萨→羊卓雍错或纳木错→拉萨

　　进西藏对老年人来说是一大挑战，行动不便或体弱的最好不要尝试。当然，如果行程安排合理，路上多加注意，身体好一点的老年人到西藏也是完全可行的。现在西藏境内的主要交通线路路况都很好，这为老年人进藏创造了有利条件。

　　下面说一下进藏需要注意的事项：

　　1. 行程不要安排得太满，注意劳逸结合。

　　2. 旅行途中，不要做剧烈运动，行动尽量慢点。

　　3. 初上高原的头两天，不要洗澡。

　　4. 高原气温变化大，随时增减衣物，注意保暖。

　　5. 饮食要清淡，少抽烟喝酒，多喝水，注意防晒。

　　6. 人人都可能出现高原反应，只是程度不同。如果出现气喘心慌、头晕头痛的状况，不要惊慌，请马上休息。如果睡觉时头疼得厉害，吃点治头疼的药或者口服 50% 葡萄糖等药物，可减缓高原反应，帮助睡眠。一般 1～3 天后，症状会消失。如果高原反应实在太严重，建议尽快回到低海拔的地方，也可以找当地的医生诊治。如果没有医院，就问问当地的居民，他们一般对治疗高原反应很有经验。

　　7. 建议包车或参团旅行。

　　8. 随身携带高热量的食物。

　　进藏最好的方式是由低海拔的地方，坐班车一站一站地行走，但考虑到老年人的身体情况，还是推荐以下方式：

　　1. 坐飞机到林芝，因为林芝很多地方的海拔只有 2000 米左右，植被较多，空气含氧量高。在林芝适应两天后，再去其他高海拔的地方游玩，这样比较合适。

　　2. 如果坐火车进藏的话，最好是先到西宁，停留两天后，再坐火车到拉萨。

　　这里按照第一种方式设计本次旅游路线。

避暑之旅

林芝

林芝是西藏的一个区，处于雅鲁藏布江中下游，是世界陆地垂直地貌落差最大的地带，充满绿色，生机勃勃。众多稀有植物和保存完好的原始森林，使这里成了天然的自然博物馆。境内有雅鲁藏布江大峡谷、南迦巴瓦峰等著名风景点。这里是西藏海拔最低的地方，作为西藏行的首站，是最合适的。

林芝到各景点基本上没有直达的班车，建议参团或包车、拼车前往。

推荐游玩时间：2～3天，建议住八一镇。

 推荐住宿地

博泰林芝大酒店、林芝印象酒店、林芝明珠大酒店、林芝华瑞酒店、林芝明海大酒店、汉庭酒店（汽车站店）、西藏梵行莲花客栈。

 推荐游玩路线

D1： 鲁朗林海→鲁朗（如果不回八一镇可以住鲁朗，鲁朗周边有很多农庄，可以住宿）。

D2： 雅鲁藏布江大峡谷→南迦巴瓦峰。

D3： 卡定沟→巴松错。

南迦巴瓦峰

鲁朗,位于距八一镇 80 公里左右的川藏路上,坐落在深山老林之中。两侧青山由低往高分别由灌木丛和茂密的云杉和松树组成"鲁朗林海";中间是整齐划一的草甸。如果天气好,从八一镇去往鲁朗的路上也能看到南迦巴瓦峰。游览雅鲁藏布江大峡谷开放游览的只是很小的一段,如果要深入,需要徒步,不适合老年游客。

如果时间和体力允许的话,还可以去然乌湖、南伊沟、喇嘛岭寺、巨柏林等地游览。

美食

鲁朗石锅鸡、藏香猪、血肠等。

推荐餐馆

藏家宴(团结新村店)、鲁朗石锅豆花庄、张三豆花汤锅。

林芝→拉萨

从林芝到拉萨可以坐班车。途中要经过尼洋河的"中流砥柱"景点和米拉山垭口(海拔 5013 米)。

林芝八一镇

林芝鲁朗

雅鲁藏布江大峡谷

雅鲁藏布江大峡谷入口

拉萨大昭寺

拉萨布达拉宫

拉萨

拉萨是中国西藏自治区的首府，西藏的政治、经济、文化和宗教中心，也是藏传佛教圣地。因为日照时间长，故有"日光城"的美称。拉萨的海拔在 3700 米左右，虽然经过了林芝的过渡，但还是希望大家尽量缓缓地进行日常活动。

推荐游玩时间：2 ~ 3 天，建议住拉萨市中心或八廓街附近。

推荐住宿酒店

拉萨瑞吉度假酒店、拉萨梵世古藏精品客栈、西藏迎宾馆、西藏岷山饭店、拉萨诺吉酒店、拉萨亚宾馆、拉萨平措康桑青年酒店、7 天酒店拉萨大昭寺店、拉萨海汇酒店。

推荐游玩路线

D1： 票（也可提前网上预约门票）→大昭寺→八廓街。

D2： 布达拉宫→布宫广场→药王山→宗角禄康公园。

D3： 罗布林卡→西藏博物馆→色拉寺。

拉萨的寺庙很多，主要有大昭寺、色拉寺、哲蚌寺、甘丹寺等，如果不是特殊的日子，建议去大昭寺和色拉寺（僧人的辩经很有名），其他时间，可以在拉萨城区到处走走。

美食

糌粑、奶茶、酥油茶、酸奶、手抓饭、牛羊肉等。

推荐餐馆

雪神宫藏餐馆、雪域餐厅、玛吉阿米、岗拉梅朵、光明港琼甜茶馆、牦牛酸奶坊。

拉萨→羊卓雍错

从拉萨到羊卓雍错需包车或拼车前往。

卡若拉冰川

纳木错

羊卓雍错（羊湖）

羊卓雍错和纳木错

　　羊卓雍错、纳木错和玛旁雍错并称西藏三大圣湖，对于老年游客来说，选择一个去游玩也就可以了。同样，最好的方式是包车或拼车前往。因为湖的海拔都较高，所以不建议老年游客在湖边留宿，可当天回拉萨。

　　羊卓雍错，简称羊湖，属于山南地区浪卡子县，湖面海拔 4441 米，距离拉萨不到 100 公里。

　　纳木错，中国第二大咸水湖，为世界上海拔最高的大型湖泊，湖面海拔 4718 米，距离拉萨以北 240 公里。

　　两座湖的共同点就是湛蓝的湖水和四周雪峰环绕，给人一种圣洁、美好的感觉。

　　如果身体允许，还可以去山南地区的其他地方，如雍布拉康（西藏的第一座宫殿）、桑耶寺（西藏第一座剃度僧人出家的寺院）、昌珠寺等地游玩。

　　也可以去日喀则地区的卡若拉冰川、江孜古堡、珠峰大本营等地游玩。

　　游玩圣湖，回拉萨后，本条旅游线路结束，大家可以选乘合适的交通工具回家。

　　另外，我国好多省份都有适合避暑的地方，如湖北神农架；江西庐山、井冈山、武功山；湖南张家界、桂东；河南鸡公山、太行山；浙江莫干山、天目山、雁荡山；安徽九华山、黄山、天堂寨；四川峨眉山；重庆的金佛山、仙女山；河北北戴河；山东长岛、崂山；山西五台山、绵山；福建武夷山；陕西秦岭；北京北部山区；等等，这里就不一一介绍了，老年朋友可自行选择。

北戴河

安徽九华山

第四章

访
秋 之旅

　　一句"停车坐爱枫林晚，霜叶红于二月花"写尽了秋天的美好，一个"爱"字也表达了诗人对秋天的喜爱之情。面对如此秋景，相信各位中老年朋友是不会在家中闲坐的。

　　相对来说，北方的秋天比南方的秋天更加纯粹，所以这里推荐的秋季路线，大多安排在北方。另外，秋天里大自然的色彩丰富，是摄影爱好者出行的最佳时机之一。

　　秋天和春天一样，也是老年人出行的好时节，春天的出行线路大多也适合秋天，大家也可以参考春季的出行路线。

　　以下推荐线路，大家可根据自己旅游的时间长短和身体情况自行取舍。

线路一

北京→承德→木兰围场→北京→天津

北京

北京海洋馆

北京

北京，中华人民共和国的首都，中国"四大古都"之一，拥有 6 项世界级遗产，是世界上拥有文化遗产项目数最多的城市。北京的公共交通很发达，大部分景点都可以乘坐公共交通工具抵达。

推荐游玩时间：5～7天，综合考虑建议住三环之内靠近地铁站的地方或者前门附近。

推荐住宿地

北京王府井希尔顿酒店、北京饭店莱佛士、北京首都大酒店、北京贵宾楼饭店、北京天安瑞嘉酒店、北京北方佳苑饭店、桔子水晶酒店（崇文门店）、飘 HOME 连锁酒店（王府井店）、北京友方宾馆、北京中航工业第一招待所、北京阅微庄四合院宾馆、北京小院客栈、北京婧园雅筑四合院宾馆。

推荐游玩路线

D1： 天安门城楼→故宫→北海公园。

D2： 天坛→前门大街→老舍茶馆。

D3： 国家博物馆→毛主席纪念堂→国家大剧院→王府井大街。

D4： 颐和园→圆明园。

D5： 八达岭长城→十三陵。

D6： 什刹海→恭王府→南锣鼓巷。

D7： 军事博物馆→鸟巢→水立方。

故宫每日限流 8 万人，实名制售票，门票也可网上提前预约。

如果时间、精力允许，可以去天安门广场看升旗，另外还可以去慕田峪长城、动物园（海洋馆）、中央电视塔、卢沟桥、雍和宫、中国美术馆、香山公园、景山公园（牡丹花）、玉渊潭公园（樱花）、北京植物园、世贸天阶、大兴野生动物园、奥林匹克森林公园、国子监、798 艺术区、清华大学、北京大学、潘家园古玩市场等地方游玩。

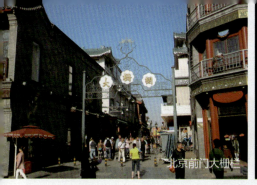
北京前门大栅栏

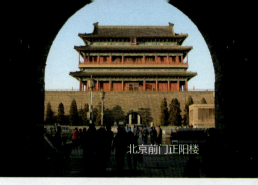
北京前门正阳楼

北京赏秋的地方，除了大家都知道的香山红叶外，还有很多非常好的地方，离市中心最近的地方要属三里河银杏大道了。每到10月下旬和11月初，树叶金黄，美不胜收。忽如一夜秋风起，刮落黄叶满地，晨光中，银杏树下的人行道就像是黄金铺就，堂皇而美丽。

另外，北京赏银杏的地方还有北京大学、三里屯西五街东段、北京地坛公园、潭柘寺、八大处公园、大觉寺、红螺寺等地。

北京有个旅游集散中心，北京的所有景点以及周边的一些景点，都可以在这报名参团旅游。网址是：http://www.bjlyjszx.com.

北京三里河银杏大道

北京什刹海

美食

北京烤鸭、老北京涮羊肉、老北京炸酱面、卤煮火烧、炒肝、爆肚、烤肉、褡裢火烧、驴打滚、艾窝窝、豆汁、豌豆黄、门钉肉饼等。

推荐餐馆

全聚德、便宜坊、东来顺、仿膳饭庄、白魁老号、都一处、烤肉季、烤肉宛、砂锅居、丰泽园、鸿宾楼、东兴楼、同和居、莫斯科餐厅、南来顺、天兴居、瑞宾楼、护国寺小吃店、隆福寺小吃店、庆丰包子铺、小肠陈、馄饨侯、爆肚满、爆肚张等。

北京→承德

从北京到承德可坐班车或火车。

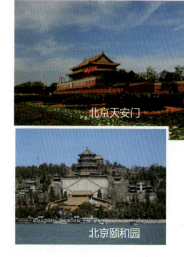
北京天安门

北京颐和园

承德

承德避暑山庄

承德外八庙

承德，地处河北省东北部，因避暑山庄而名满天下，避暑山庄及其周围寺庙是世界文化遗产。

推荐游玩时间：1～2天，建议住市中心或避暑山庄附近。

 推荐住宿酒店

承德避暑山庄蒙古包度假村、承德紫御国际假日酒店、承德福满家大酒店、承德宾馆、承德盛华大酒店、承德绮望楼宾馆、速8酒店（避暑山庄店）、7天连锁酒店（承德避暑山庄店）、如家快捷酒店（承德避暑山庄都统府大街店）、锦江之星承德火车站店。

 推荐游玩路线

避暑山庄、外八庙。

还可以去棒槌山、普乐寺、金山岭长城、水下长城等景点游玩，另外还有可以选择观看实景演出《盛鼎王朝》。

 美食

满族八大碗、拨御面、烙糕、银丝杂面、南沙饼、承德凉粉等。

 推荐餐馆

乔家满族八大碗、大清花饺子馆、新乾隆酒楼、老三羊汤、夜二仙居美食广场。

 承德→木兰围场

从承德到木兰围场可坐火车在四合永站下车，然后转到围场的车；或坐承德到围场县城的车，下车后转到围场的车。也可以报团前往。

河北木兰围场

河北木兰围场将军泡子

木兰围场

河北木兰围场桃山湖

河北木兰围场月亮湖

河北木兰围场公主湖

木兰围场，曾是清代皇帝举行"木兰秋狝"之场所，现在的范围包括塞罕坝森林公园、红山军马场和桦木沟林区，横跨河北与内蒙两省区。围场的秋天是最美的季节，最好的游览时间是9月中下旬。围场的景点比较分散，到了围场后的游览方式一般为租车。

推荐游玩时间：2～3天，综合考虑建议住塞罕坝森林公园、红山军马场或御道口。

推荐住宿地

围场御道口迎宾馆、围场塞罕坝帝园大酒店、围场塞罕湖宾馆、承德围场明月客栈。

推荐游玩路线

D1：桃山湖（日出）→公主湖→将军泡子→七星湖（日落）。

D2：五彩山→月亮湖→蛤蟆坝（日落）。

有时间还可以去：红山军马场、野鸭湖、白桦林等景点游玩。

美食

烤全羊等

木兰围场→天津

从木兰围场到天津可以坐直达班车，也可以坐车到北京然后转乘城际铁路火车去天津。

老有所乐
——爷爷奶奶去哪儿

天津瓷房子

天津

天津古文化街

天津天津眼

天津五大道

天津，自古因漕运而兴起，1404年12月23日正式筑城，是中国古代唯一有确切建城时间记录的城市。天津因为较早就成为通商口岸，西方多国在天津设立租界，一方面造就了天津中西合璧、古今兼容的独特城市风貌，另一方面也让天津在各个方面引领风气之先。

推荐游玩时间：2～3天，综合考虑建议住市中心天津站和五大道周边。

推荐住宿酒店

天津海河悦榕庄、天津天诚酒店、天津凯德大酒店、桔子水晶酒店（天津津湾广场店）、桔子酒店精选（天津津湾广场店）、布丁酒店（天津火车站前广场店）、锦江之星（天津火车站店）、7天连锁酒店（天津火车站后广场新开路未来广场店）。

推荐游玩路线

D1： 五大道→瓷房子→劝业场。

D2： 古文化街→鼓楼→南市食品街。

有机会还可以去意式风情街、天津眼、坐船游海河夜景、南开大学、西开教堂、天津文庙博物馆、大悲禅院、塘沽航母主题公园、大沽口炮台遗址等地方游玩。晚上可以去茶馆听听传统相声，也可以去杨柳青镇看看年画。

美食

狗不理包子、十八街麻花、耳朵眼炸糕、锅巴菜、煎饼果子、老豆腐、果子、烫面炸糕、卷圈等。

推荐餐馆

狗不理（山东路总店）、鸿起顺饭庄（食品街店）、宴宾楼（总店）、会芳楼（大理道店）、红旗饭庄（红桥店）、登瀛楼（山西路店）、耳朵眼（东北角总店）、月盛斋（和平路店）、桂发祥十八街麻花（大沽南路老店）、百饺园（长江道）等。

这条线路的旅行到此结束，大家可在天津或到北京乘坐合适的交通工具回家。

长春净月潭

长春雕塑公园

线路二

长春

长春→延吉→长白山→牡丹江→哈尔滨

长春，吉林省省会，是中国四大园林城市之一，被誉为"北国春城"，有着深厚的近代城市底蕴和众多"伪满"时期建筑。

推荐游玩时间：2～3天，综合考虑建议住南关区人民广场周边。

 推荐住宿酒店

长春香格里拉大酒店、长春金安大饭店、长春国贸大饭店、吉林省宾馆、DNA 精品商务酒店（人民广场店）、如家快捷酒店快捷酒店（人民广场咸阳路店）、锦江之星（人民广场店）、7 天连锁酒店（重庆路店）。

 推荐游玩路线

D1： 伪满皇宫博物院→重庆路→人民广场→新民大街两侧的伪满建筑。
D2： 净月潭。
还可以去世界雕塑公园、长影世纪城等地游玩

美食

锅包肉、酱大棒骨、小鸡蘑菇、酸菜炖粉条、地三鲜等。

推荐餐馆

长春饭店、回宝珍饺子馆、真不同、元盛居、春发和饭庄、国营大冷面、王记酱骨头馆、鼎丰真、福义德、老韩头等。

长春→延吉

长春到延吉可坐班车或火车。另外，去长白山和镜泊湖交通有点不便，建议可以在长春或者延吉报团游览。

延吉

延吉，是延边朝鲜族自治州首府所在地，这座城市充溢着朝鲜族独有的民族风情，风味独特的朝鲜族美食，更是一道别样的风景，延吉被国内外来宾亲切地比喻为海兰江畔的"不夜城"、东北地区的"小首尔"。

推荐游玩时间：1~2天，综合考虑建议住市中心。

推荐住宿酒店

延吉国际饭店、延吉白山大厦、延边宾馆、延吉桔子酒店、延吉乐佰宾馆、莫泰168（局子街百货大楼店）、如家快捷酒店快捷酒店（长白山路店、解放路步行街店）、锦江之星（延吉市政府店）。

推荐游玩路线

帽儿山国家森林公园、西市场步行街。
还可以去延吉市公园、名俗村等地游玩。

美食

冷面、拌饭、狗肉、打糕、泡菜等。

推荐餐馆

全州拌饭、茂贸盛（团结路店）、金达莱冷面（总店）、顺姬冷面、梅花狗肉馆、元奶奶包饭、延吉西市场小吃街。

延吉→长白山

延吉到长白山可在客运南站坐长白山一日游的大巴直达长白山天池景区，也可以坐车到二道白河镇，然后转到景区的车。

延吉帽儿山森林公园之呼啸长白

吉林长白山

从北坡顶看天池

吉林长白山西坡

长白山 吉林长白山冰瀑

长白山，东北名山，系多次火山喷发而成，因其主峰长白山多白色浮石与积雪而得名，是中朝两国的界山，有"关东第一山"之称。长白山天池，是我国最大的火山口湖，荣获海拔最高的火山湖吉尼斯世界之最。从天池倾泻而下的长白飞瀑，是世界落差最大的火山湖瀑布。

推荐游玩时间：2～3天，综合考虑建议住景区附近的二道白河镇或万达度假区。

推荐住宿地

长白山万达假日度假酒店、长白山万达智选假日酒店、长白山松林宾馆、白山白溪假日大酒店、长白山金秋宾馆、长白山池苑宾馆、延边长白山东悦国际青年旅舍。

推荐游玩路线

北坡一天，西坡一天（西坡景区开发得比较晚，是独立收费的）。

乘坐火车可以到白河镇上的白河站，或者是到距白河镇有约2小时车程的安图站。长白山有机场，周边城市中，延吉机场离长白山最近，大约3～4个小时车程。

北坡景区天池、瀑布、温泉、小天池、地下森林、高山滑雪场、岳桦幽谷等长白山代表性景观。特别是从北坡既可以徒步登临天池，也可乘车直达长白山主峰，俯瞰天池。

即使是晴天，山上也可能有雾，全年只有1/3的时间里可以看见天池，要想看见清晰的天池是很困难的，据说，能看见天池的是有福之人。

长白山地热资源丰富，有许多泡 温泉的场所，游客可以在游览之余泡泡温泉，解除旅途中的疲劳。

还可以去地下森林、中朝界碑、长白山大峡谷、万达度假区游玩。

美食

温泉煮的鸡蛋、玉米等。

长白山→镜泊湖

从长白山到镜泊湖，可先坐车回延吉，然后从延吉坐火车或班车到牡丹江市，再到火车站转去镜泊湖景区的直达车。

牡丹江镜泊湖

牡丹江

牡丹江市附近的主要旅游景点有雪乡（冬季）和镜泊湖。镜泊湖是中国最大、世界第二大高山堰塞湖，世界地质公园，著名旅游和疗养胜地。夏天去也是避暑的好地方。

推荐游玩时间：1天，建议住牡丹江市区或镜泊湖景区。

推荐住宿酒店

牡丹江世茂假日酒店、牡丹江禧禄达国际酒店、牡丹江夏威夷国际大酒店、如家快捷酒店快捷酒店（火车站商业中心店）、汉庭酒店（牡丹江火车站店）、黑龙江省镜泊湖宾馆、镜泊湖山庄酒店、牡丹江镜泊湖钓鱼台别墅。

推荐游玩路线

观赏吊脚楼瀑布，坐游船游览镜泊湖。

还可以到地下森林、熔岩隧道游玩。牡丹江市内的八女投江纪念群雕等景点也值得一看。

美食

镜泊湖红尾鱼、镜泊湖湖鲫、镜泊鲤鱼丝、各种东北及朝鲜族菜肴。

推荐餐馆

姬家鱼、老全州、盛双盛、八达狗肉、板门店风味烤肉。

北海→涠洲岛

镜泊湖游览完毕，坐车返回牡丹江市。从牡丹江到哈尔滨可坐火车或班车。

哈尔滨

（详见避暑之旅线路六）

这条线路到此结束，游客可在哈尔滨选择合适的交通工具回家。

线路三

成都→乐山→峨眉山→成都→九寨沟→黄龙→成都

（详见避暑之旅线路九）

成都到乐山可坐班车

成都

乐山
（乐山大佛）

　　乐山，坐落在岷江、青衣江、大渡河三江交汇处，国家历史文化名城，世界著名的生态和文化旅游胜地。境内的乐山大佛，又名凌云大佛，依山凿成临江危坐，头与山齐，足踏大江。大佛乃弥勒佛坐像，通高71米，是中国最大的一尊摩崖石刻造像。

　　推荐游玩时间：1～2天，综合考虑建议住乐山客运中心站与码头之间或乐山大佛景区附近。

 推荐住宿地

　　桔子酒店·精选（嘉定中路店）、乐山广寒宫酒店、乐山学府花园酒店、乐山名流酒店、宜必思酒店（乐山中心店）、7天连锁酒店（人民东路店、乐山大佛张公桥好吃街店）。

 推荐游玩路线

　　D1: 先在江边看对岸的卧佛，然后在码头坐船在江上看大佛的正面，再过江到乐山大佛景区，近距离欣赏大佛，顺道游览凌云寺。

　　D2: 有时间可以去罗城古镇等地游览。

四川乐山大佛

四川乐山城

四川乐山大佛

 美食

西坝豆腐、乐山烧麦、跷脚牛肉（烫牛杂）、甜皮鸭（卤鸭）、麻辣烫等。

 推荐餐馆

尽膳口福（峨眉东新路店）、八婆麻辣烫、苏稽跷脚牛肉、三九豆花、叶婆婆钵钵鸡、豆豆豆腐脑、东门豆腐脑、东大街的老烧麦店、宝华园烧麦。

 乐山→峨眉山

从乐山到峨眉山，可坐班车到峨眉山市，然后坐公交车去峨眉山景区。

峨眉山

峨眉山，位于乐山市峨眉山市境内，是著名的佛教名山和旅游胜地，有"峨眉天下秀"之称。它是中国四大佛教名山之一，是普贤菩萨的道场。峨眉山—乐山大佛作为世界文化与自然双重遗产被联合国教科文组织列入世界遗产名录。峨眉山山路沿途有较多猴群，常结队向游人讨食，为峨眉山一大特色。

推荐游玩时间：1～2天，建议住市区或峨眉山脚下（景区内外都行），半山腰和山顶也有住宿。山上几乎大小寺院都备有客房。

 推荐住宿酒店

市区：峨眉山水晶国际酒店、速8酒店（峨眉店）、如家快捷酒店快捷酒店（峨眉山步行街店）、7天连锁酒店（峨眉山好吃街店）。

山脚下报国寺附近：峨眉山蓝光安纳塔拉度假酒店、峨眉山温泉饭店（灵秀温泉）、峨眉山途家斯维登度假公寓（峨眉青庐）、峨眉山幸福树酒店、红珠山酒店、峨眉山勐巴拉酒店、峨眉山馨家缘商务酒店。

山上：峨眉山金顶山庄、峨眉山全福商务酒店、峨眉山途窝假日庄园、峨眉山尚品酒店。

 推荐游玩路线

D1： 报国寺→乘车到雷洞坪→乘缆车上金顶→金佛→徒步到雷洞坪→乘车到报国寺。

D2： 报国寺→乘车到五显岗→徒步到清音阁→一线天。

清音阁到一线天之间能看到野生猴群，观猴喂猴要注意安全。

 美食

峨眉山豆腐脑、叶儿粑、牛肉汤锅、烟熏鸭（卤鸭）、豆腐串串等。

四川峨眉山四面十方普贤像

老有所**乐**
——爷爷奶奶去哪儿

推荐餐馆

开口笑火锅店、高记豆腐脑、尽膳口福，山里各寺院也有一些素席。

峨眉山→成都

峨眉山到成都可坐班车或乘坐高铁。

四川峨眉山双桥清音

四川峨眉山金顶

九寨沟秋景

成都 → 九寨沟 → 黄龙 → 成都

（详见避暑之旅线路九）

九寨沟的秋天，是最美的季节，和夏天比起来，色彩更加丰富多彩迷人。
这条线路到次结束，大家在成都选择合适的交通工具回家。

线路四

兰州→武威→张掖→嘉峪关→敦煌

兰州

（详见避暑之旅线路九）

兰州到武威可坐班车或火车

武威

　　武威，位于河西走廊的东端，古称凉州，历史上曾经是著名的"丝绸之路"要冲，河西四郡之一。中国旅游标志铜奔马出土于该市，该市为中国"历史文化名城"。

　　推荐游玩时间：1～2天，建议住火车站附近。

甘肃武威雷台观

老有所**乐**
——爷爷奶奶去哪儿

 推荐住宿地

武威云翔国际酒店、武威瑞一国际酒店、如家快捷酒店（西大街店、东大街店）、7天连锁酒店（火车站店）。

 推荐游玩路线

D1： 罗什寺塔→海藏寺→雷台汉墓→大云寺→文庙等。

有时间还可以去白塔寺和天梯山石窟游玩。

 美食

凉州"三套车"（凉州行面、腊肉、冰糖圆枣茯茶）、米汤油馓子、浆水面、面片、沙米粉、臊子面、山药搅团、炒拨鱼子、驴肉等。

 推荐餐馆

老马家牛肉面、余家拨鱼子、邱家行面、凉州市场。

 武威→张掖

从武威到张掖可以坐火车或班车。

甘肃武威雷台汉墓

甘肃张掖丹霞国家地质公园

甘肃张掖丹霞国家地质公园

张掖

张掖，古称甘州，位于河西走廊中段。历史文化名城，自古就有"塞上江南"和"金张掖"之美誉。境内的张掖丹霞国家地质公园，是国内唯一的丹霞地貌与彩色丘陵景观复合区。

推荐游玩时间：1～2天，建议住市中心。

推荐住宿地

张掖华辰国际大酒店、张掖天域国际酒店、张掖凯利酒店、小辣椒酒店（金座店）、张掖西夏宾馆、汉庭酒店（市政府店）、辛悦宾馆（张掖二分店）、如家快捷酒店（南大街店）。

推荐游玩路线

马蹄寺→张掖丹霞国家地质公园。

张掖丹霞国家地质公园，包括临泽（彩色丹霞）和肃南（冰沟丹霞）两个景区（两个景区相距30多公里，一般会去临泽），景区内有观光车接送游客到各观景点。在张掖汽车西站乘坐张掖到肃南县的班车，路过景区时下车即可。

有时间还可以去西夏大佛寺（寺内有中国最大的室内卧佛涅盘像）、山丹军马场（据说是世界上最大的马场）等地游玩。

美食

西北大菜（香饭）、搓鱼面、糍耳子、羊肉粉皮面筋、小饭、煎血肠、灰豆汤、山丹油果子、糊饽、豆腐脑儿、腊羊肉等。

推荐餐馆

孙记炒炮、罗胖子面馆西关店、甘州特色风味美食市场、甘州市场。

张掖→嘉峪关

从张掖市到嘉峪关市可乘坐火车或班车。

嘉峪关

嘉峪关

嘉峪关古长城

嘉峪关，位于甘肃嘉峪关市向西5公里处，是明代万里长城西端起点、第一重关，也是古代"丝绸之路"的交通要冲。嘉峪关关城是万里长城沿线最为壮观的关城。

推荐游玩时间：1～2天，综合考虑建议住火车站附近。

推荐住宿地

嘉峪关广场假日酒店、嘉峪关酒钢宾馆、嘉峪关宾馆、嘉峪关嘉旅商务酒店、汉庭酒店（大唐美食街店）、如家快捷酒店（迎宾东路大唐美食街店）、锦江之星（嘉峪关兰新路店）、7天连锁酒店（嘉峪关新华中路雄关路店）。

推荐游玩路线

关城→悬壁长城→长城第一墩。

嘉峪关市内有班车可到嘉峪关景区。景区外靠近公路有段古长城遗址，免费参观。

还可以去新城魏晋壁画墓、"七一"冰川（亚洲距离城市最近的可游览冰川）等地游览，需包车前往。

美食

菊花牛鞭、炮仗面、粉蒸牛羊肉、丝路驼掌、烧壳子等。

推荐餐馆

马松吉清真牛肉面、振兴市场美食一条街、大唐美食街（体育大道）、富强夜市。

嘉峪关→敦煌

从嘉峪关到敦煌可以坐火车或汽车。

敦煌莫高窟石窟

敦煌莫高窟牌楼

敦煌月牙泉
敦煌

敦煌，位于河西走廊的最西端，地处甘肃、青海、新疆三省（区）的交汇处。国家历史文化名城，以"敦煌石窟""敦煌壁画"闻名天下，是世界遗产莫高窟和汉长城边陲玉门关、阳关的所在地。

推荐游玩时间：1～2天，建议住敦煌市区或鸣沙山景区附近。

 推荐住宿地

敦煌山庄、敦煌阳光沙州大酒店、敦煌嘉年华精品酒店、敦煌饭店、敦煌敦和大酒店、7天连锁酒店（敦煌夜市店）、如家快捷酒店（敦煌阳关中路沙洲夜市店）、汉庭酒店（敦煌市政府店）。

 推荐游玩路线

莫高窟→鸣沙山（月牙泉）。

从 2015 年 9 月 11 日起，莫高窟每日游客量将控制在 6000 人次以内。参观实行预约制。游客可以通过网上预约和支付系统，提前购买数字展示中心和实体洞窟的门票。

敦煌市区去莫高窟和鸣沙山两个景点都有班车。

还可以去玉门关、阳关、西千佛洞、敦煌博物馆、白马塔、敦煌雅丹国家地质公园（位于敦煌市西北约 180 公里处）等景区游玩。

 推荐餐馆

驴肉黄面、杏皮水、泡儿油糕、敦煌酿皮子、羊肉粉汤、油爆驼峰等。

 推荐餐馆及夜市

老钟家烤羊排、敦煌叶记驴肉黄面、沙洲夜市、阳关路。

本条线路到此结束，大家可以在敦煌乘合适的交通工具回家，也可以先到兰州再转乘合适交通工具回家。

如果时间、精力允许而且还有兴致，可以往西进入新疆继续游玩。

老有所乐
——爷爷奶奶去哪儿

线路五

大同→恒山→应县木塔→五台山→太原→乔家大院
→平遥古城→王家大院→太原

大同

大同，位于山西省最北端，扼晋、冀、内蒙之咽喉要道，是历代兵家必争之地。境内古迹众多，著名的文物古迹包括云冈石窟、华严寺、善化寺、恒山悬空寺、九龙壁等。

云冈石窟，位于大同市西郊17公里处的武周山南麓，石窟依山开凿，东西绵延1公里。云冈石窟的造像气势宏伟，内容丰富多彩，堪称公元5世纪中国石刻艺术之冠，是中国四大石窟之一。

推荐游玩时间：1～2天，建议住大同市中心、华严寺周边。

推荐住宿地

大同魏都国际酒店、大同国宾大酒店、大同王府至尊酒店、大同云冈建国酒店、大同花园大饭店、大同外婆桥客栈、大同华贸大酒店、格林豪泰（大同云顶雅园店）。

推荐游玩路线

云冈石窟、华严寺、九龙壁。
还可以去善化寺（五龙壁）、观音堂（三龙壁）、凤临阁、鼓楼等地游览。

美食

大同刀削面、莜面窝窝、黄糕、铜火锅等。

推荐餐馆

凤临阁、昆仑饭店、老爷庙风味美食府、孙记包子铺（操场城店）、凯鸽酒楼（操场城西街店）、红旗美食城、帅府街。

大同→恒山

　　从大同到悬空寺可在从汽车站搭乘直达班车前往，也可以坐到浑源的车再转车到恒山（悬空寺）。也可拼车、包车或坐恒山一日游旅游车。

大同露天大佛

山西大同云冈石窟

恒山

悬空寺

恒山

恒山，五岳中的北岳，位于大同市浑源县城南 10 公里处，该山为道教主流全真派圣地。恒山脚下的悬空寺、应县佛宫寺的释迦木塔、浑源城内的圆觉寺砖塔等，在中国古建筑史上都占有重要地位。

悬空寺又名玄空寺，始建于 1400 多年前的北魏王朝后期，是国内仅存的佛、道、儒三教合一的独特寺庙。古代工匠根据道家"不闻鸡鸣犬吠之声"的要求建设了悬空寺，是中国古代建筑精华的体现。它修建在恒山崖峭壁间，共有殿阁 40 间，利用力学原理半插飞梁为基，巧借岩石暗托，梁柱上下一体，廊栏左右相连，曲折出奇，虚实相生。

推荐游玩时间：1 天，综合考虑建议住浑源县县城或应县县城。

 推荐住宿地

应县国利假日酒店、朔州城市客栈、浑源县恒山国际酒店、浑源县恒吉利大酒店。

 推荐游玩路线

悬空寺→恒山风景区→北岳庙→天峰岭。

悬空寺不大，2 小时之内可以游览完毕，后可拼车或包车前往恒山风景区（20 分钟车程）。 恒山海拔 2000 米左右（停车场在海拔 700 米处），游客根据自己的体力选择目的地。上山有索道。

 恒山→应县

从恒山到应县可先坐车到浑源县城，然后转浑源县城到应县的班车。或者包车前往。

恒山

应县木塔

应县
木塔

　　应县木塔，又叫释迦塔，全称佛宫寺释迦塔，位于朔州市应县城西北佛宫寺内，建于公元 1056 年，是中国现存最高最老的一座木构塔式建筑。与意大利比萨斜塔、巴黎埃菲尔铁塔并称"世界三大奇塔"。释迦塔全塔乃纯木结构、无钉无铆。塔内供奉着两颗释迦牟尼佛牙舍利。

　　推荐游玩时间：半天，建议住应县县城或五台山。

 推荐住宿地

　　应县国利假日酒店、朔州城市客栈。

 推荐游玩路线

　　木塔→净土寺。

 美食

　　应县牛腰、应县凉粉、应县面皮、滴溜等。

 应县→五台山

　　从应县到五台山可坐应县到繁峙县的班车到砂河镇下车，然后转车上五台山（因是山路，所以尽量不要走夜路）。五台山火车站也在砂河镇。各地的游客也可以坐班车到五台山，五台山长途汽车站位于五台山中心区台怀镇和五台山杨柏峪之间。

五台山

五台山

五台山

五台山塔院寺

五台山，因五峰耸立，峰顶平坦如台而得名，它位于山西忻州市五台县境内，位列中国佛教四大名山之首，被称为"金五台"。五台山是中国唯一一个青庙（汉传佛教）、黄庙（藏传佛教）交相辉映的佛教道场，因此汉蒙藏等民族在此和谐共处。五台山现存寺院共 47 处，著名的有：显通寺、塔院寺、菩萨顶、南山寺、黛螺顶、广济寺、万佛阁等。因山上气候多寒，盛夏不见炎暑，故又别称清凉山，所以也是避暑的好去处。

推荐游玩时间：2 ~ 3 天，建议住台怀镇或者寺院里，寺院里也有斋饭供应。

推荐住宿地

五台山栖贤阁迎宾馆、五台山友谊宾馆、五台山云龙酒店、五台山五峰宾馆、五台山升泰假日酒店、五台山宏伟宾馆、五台山迎佛宾馆。

推荐游玩路线

D1： 黛螺顶→善财洞→圆照寺→广化寺→显通寺→塔院寺等。
D2： 清凉寺→金阁寺→龙泉寺→南台→南山寺→观音洞等。
D3： 东台→西台等。

五台山主要是转寺庙、礼佛，除开寺庙以外，奇峰灵崖也很多，如写字崖等，大家可留心欣赏。

美食

拨烂子、过油山药、繁峙疤饼、高粱面鱼鱼以及各种斋饭等。

推荐餐馆

一盏明灯全素斋、妙吉祥餐厅。

五台山→太原

从五台山到太原可坐火车或班车。

访
秋
之旅

山西太原晋祠

太原

太原，山西省省会，古称晋阳，九朝古都，国家历史文化名城。是座"襟四塞之要冲，控五原之都邑"的历史古城。黄河第二大支流汾河自北向南流经全市，三面环山，自古就有"锦绣太原城"的美誉，是世界闻名的晋商都会。

推荐游玩时间：1～2天，建议住迎泽区柳巷到太原站周边。

推荐住宿地

太原湖滨国际大酒店（国际会议中心）、太原并州饭店、山西迎泽宾馆、山西大酒店、山西饭店、山西龙城国际饭店、太原五洲大酒店、太原金莘酒店、太原三晋国际饭店、锦江之星（市政府店、柳巷店、五一广场店）、金广快捷酒店（铜锣湾五一路店）、如家快捷酒店（火车站店）。

推荐游玩路线

晋祠→山西博物馆。

还可以去双塔寺、崇善寺、蒙山大佛、天龙山石窟等地游玩。

晋祠是一处自然山水与历史文物相交织的风景名胜区，有"不到晋祠，枉到太原"的说法。难老泉、侍女像、圣母像被誉为"晋祠三绝"。

美食

太原头脑、蒸饺、肉丝炒剔尖、刀削面、栲栳栳、猫耳朵、搓鱼儿等。

推荐餐馆

清和元、六味斋（柳巷店）、五寨会馆（小吃城）、郝刚刚羊杂割、杨记灌肠、认一力、屈礼洪、鸿宾楼烤鸭店（解放店）、食品街。

太原→乔家大院

从太原到乔家大院可坐太原到祁县的火车，下车后转车到乔家大院。如果是坐班车，可以去建南汽车站坐到平遥的车，路过乔家大院（乔家堡村）时下车。

乔家
大院

乔家大院位于山西省祁县乔家堡村，它又名"在中堂"，是清代全国著名的商业金融资本家乔致庸的宅第，始建于 1755 年，是一座具有北方汉族传统民居建筑风格的古宅。它是晋商大院中出名最早的，电影《大红灯笼高高挂》在此拍摄取景更是使乔家大院成为晋商大院的代表。

推荐游玩时间：半天，建议住平遥古城。

👍 推荐游玩路线

乔家大院。乔家大院有几样遗留下来的 宝贝：万人球、犀牛望月镜、九龙灯。另外，在参观时，请留意欣赏大院在建筑风格以及木雕、砖雕、石雕、彩绘、牌匾、照壁等。

👍 乔家大院→平遥古镇

从乔家大院到平遥古城，可在路边搭乘去平遥的客车。也可到祁县火车站坐到平遥的火车。平遥火车站离古城西北城角仅 300 米，城内到达火车站十分方便。

山西乔家大院

山西乔家大院

山西平遥古城　　山西平遥古

平遥
古城

平遥古城，位于山西中部平遥县内，是一座具有 2700 多年历史的文化名城，"保存最为完好的四大古城"之一，也是中国仅有的以整座古城申报世界文化遗产获得成功的两座古县城之一。平遥古城是中国汉民族城市在明清时期的杰出范例，为人们展示了一幅非同寻常的文化、社会、经济及宗教发展的完整画卷。古城墙、双林寺和镇国寺被誉为是"平遥三宝"。

推荐游玩时间：1～2 天，建议住平遥古城。

推荐住宿酒店

平遥隆昌达客栈、平遥缘来居客栈、平遥程家老院民俗宾馆二部、锦江之星平遥古城酒店、平遥望古楼客栈、平遥杜老轩客栈、平遥赵家客栈、平遥古城隆德義客栈、晋中平遥四合院春旺客栈。

推荐游玩路线

在古城内游览：古城墙、县衙、日升昌票号、文庙、镖局、城隍庙等。

有时间还可以去城外的双林寺，寺内 10 余座大殿内保存有元代至明代（公元 13～17 世纪）的彩塑造像 2000 余尊，被人们誉为"彩塑艺术的宝库"、镇国寺等地游览。

美食

平遥牛肉、碗托、水煎包、莜面栲栳栳等。

推荐餐馆

云锦成、西大街、明清一条街 。

平遥→王家大院

从平遥古城到王家大院，可以坐直达班车，也可以先坐平遥到介休的班车然后转车到王家大院。

王家
大院

　　王家大院，位于山西省灵石县静升村北端黄土丘上，王家大院建筑规模宏大，相当于祁县乔家大院的 4 倍。王家大院不仅是一组民居建筑群，而且是一座极具汉族文化特色的建筑艺术博物馆，是晋中民居中的一朵奇葩。

推荐游玩时间：半天，建议住平遥古城。

 推荐游玩路线

东大院、西大院、孝义祠。

 王家大院→太原

　　游完王家大院，可坐车回平遥，然后转车到太原，从太原选择合适的交通工具回家，结束此次旅行。

山西王家大院

山西王家大院

山西王家大院

山西王家大院

线路六

西安→华山→西安→延安→
壶口瀑布→西安

陕西西安大雁塔

西安

西安，古称长安，13朝古都，是中国历史上建都朝代最多、时间最长的都城，世界四大文明古都之一，是中华文明和中华民族重要发祥地，丝绸之路的起点。

推荐游玩时间：3～4天，建议住大雁塔或鼓楼钟楼附近。

 推荐住宿地

鼓楼地区：西安索菲特人民大厦、西安君乐城堡酒店、西安皇城豪门酒店、安欧杰西假日酒店（钟楼店）、西安大雁塔和颐酒店、西安王子星月（精品）酒店、西安艾斯汀酒店、如家快捷酒店快捷酒店（西五路省政府北门店、钟楼北店、钟楼湘子庙街店）、锦江之星（解放路万达广场店）。

大雁塔地区：西安盛美利亚酒店、喜客五间唐中式酒店（小寨大雁塔店）、西安唐隆国际酒店、西安大雁塔亚朵酒店、如家快捷酒店快捷酒店（大雁塔通易坊店）、锦江之星（大雁塔店）、汉庭酒店（大唐芙蓉园店）、西安慈恩客栈。

 推荐游玩路线

D1： 陕西博物馆→大雁塔→大雁塔广场夜景。

D2： 秦始皇兵马俑→华清池。

D3： 古城墙→钟楼→鼓楼→回民街→化觉巷清真大寺。

还可以去小雁塔、大唐芙蓉园、半坡遗址博物馆、西安事变纪念馆、大明宫国家遗址公园、碑林、骊山等风景点游玩。也可以坐公交（车次较少）去宝鸡的法门寺和咸阳的乾陵游玩。

 导注

1. 从市区到华清池、秦始皇陵、秦始皇兵马俑可在火车站坐914路、915路、游 5(306) 或在大唐芙蓉园南门坐 K307 路。

2. 古城墙上可以骑车，南门可租赁自行车。

3. 回民街附近的化觉巷清真大寺，又叫东大寺，是一座历史悠久，规模宏大的中国宫殿式古建筑群，体现了中国传统建筑和伊斯兰建筑艺术风格的完美融合。

4. 每晚在华清池有以骊山为背景的实景剧《长恨歌》的表演，演出票可以提前在网上预订。如果看表演可在华清池附近住宿。也可拼、包车回市区。

5. 陕西博物馆的"大唐遗宝"常年特展，值得一看。

美食

凉皮、牛羊肉泡馍、肉夹馍、牛羊肉饺子、腊汁肉、葫芦头、石子馍、蜜枣甑糕、荞面饸饹、岐山臊子面等。

推荐餐馆

西安饭庄（东大街总店）、西安烤鸭店、春发生饭店（南院门店）、德发长饺子馆（钟楼店）、贾三灌汤包子（回民街店）、老孙家羊肉泡馍、同盛祥、子午路张记肉夹馍（翠华路店）、同盛祥（钟楼店）、李老三腊牛肉夹馍（边家村店）、德懋恭、回民街。

西安→华山

从西安可坐动车或高铁到华山站后转乘公交或旅游专线车到华山风景区。

西安古城墙

西安钟楼

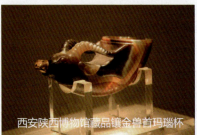
西安陕西博物馆藏品镶金兽首玛瑙杯

西峰（莲花峰）

赌棋亭

西峰 华山

华山，又被称为太华山，五岳中的西岳，位于陕西省渭南市华阴市。它不仅是著名的旅游胜地，还是道教著名的圣地，被道教尊为第四洞天，山上有几座保存较完好的道教宫观。华山以山势险峻而闻名，其中最著名的就是"长空栈道"了。

推荐游玩时间：1～2天，如果只玩一天建议住华阴市或西安市，玩两天可在山上住一晚，第二天下山回西安。

 推荐游玩路线

从西峰乘缆车上，按西峰、南峰、东峰、中峰、北峰顺序游览，从北峰乘缆车下。

老年游客，根据自己的体力情况，酌情选择爬哪几座峰。"长空栈道"加强了对游客的保护措施，虽然很安全，但还是建议老年游客不要尝试了。景区险要的地方，都在旁边开辟了新的缓道，建议老年游客走缓道。

 美食

华阴大刀面、踅面、麻食、杂肝泡、、浆水鱼鱼等。

推荐餐馆

华阴万象街（如果住华阴的话）。

华山→延安

从华山到延安，需先坐车回西安，再从西安坐火车或动车、班车去延安。

延安

陕西延安

延安，位于陕北，处于延河、汾川河二水交汇的位置。中国革命圣地、摇篮，延河水、宝塔山是中国人民心中永远的记忆和向往。

推荐游玩时间：1～2天，建议住延安市中心。

推荐住宿酒店

延安金泽国际酒店、延安枣园宾馆、延安隆华花园酒店、延安万花山宾馆（延安干部培训学院）、汉庭酒店（延安大学店）、如家快捷酒店（体育场大礼堂店）。

推荐游玩路线

宝塔山→杨家岭→枣园→延安革命纪念馆。

美食

红枣、油糕、果馅、子长煎饼、油馍馍、、钱钱饭，等等。

推荐餐馆

川云酸菜面（小东门形象店）、小魏煎饼、正宗子长煎饼、二道街。

延安→壶口

延安到壶口瀑布，可乘旅游专线车到景区。如果从西安直接去壶口瀑布，可在西安城东客运站坐直达壶口的车。一天有两班，分别是8：00和13：20，途中时间5小时左右。

陕西壶口瀑布

壶口瀑布

壶口瀑布，中国黄河上的著名瀑布，是中国第二大瀑布，也是世界上最大的黄色瀑布。滚滚黄河水流经此地，300 余米宽的洪流骤然被两岸岩壁所紧缩，形成上宽下窄的壶口，在 50 米的落差中翻腾倾泻而下，声势如同在巨大无比的壶口中倾出，故名"壶口瀑布"。这里有一大奇景——"水里冒烟"，能否看得到，就看大家的眼福了。

推荐游玩时间：半天，综合考虑建议住西安。

推荐游玩路线

可按景区游览线路游览。

美食

黄河鲤鱼、羊杂烩，等等。

从壶口瀑布可坐中午的直达班车回西安，然后在西安选择合适的交通工具回家，结束本线路的旅程。

线路七

银川→中卫→（金昌）→巴丹吉林沙漠→额济纳→呼和浩特

银川

银川，宁夏回族自治区的首府，西倚贺兰山、东临黄河，是历史悠久的塞上古城，史上西夏王朝的首都，国家历史文化名城，素有"塞上江南、鱼米之乡"和"塞上明珠"的美誉。

推荐游玩时间：1～2天，综合考虑建议住金凤区或兴庆区。

 推荐住宿酒店

银川凯宾斯基饭店、银川西府井饭店、银川上陵波斯顿饭店、银川英特奥斯酒店、银川同福大饭店、锦江之星（银川鼓楼店）、如家快捷酒店快捷酒店（新月广场店、北门中山北街店）、汉庭酒店（银川火车站店、鼓楼步行街店）。

生态旅游区

宁夏沙湖

推荐游玩路线

D1： 镇北堡影视城、西夏王陵。

D2： 贺兰山岩画。

西夏王陵和贺兰山岩画可以坐公交或旅游专线车抵达。还可以去沙湖、西夏博物馆、南关清真大寺等地游览。

美食

花鲢鱼头、香酥鸡、清蒸羔羊肉、炒糊饽、丁香肘子、酿皮、盖碗儿茶、回乡馓子、油香等。

推荐餐馆

仙鹤楼、老毛手抓、迎宾楼、六盘红、同心春、纳家楼、回宴楼、国强手抓、沙湖宾馆等。

银川→中卫

从银川到中卫可选择坐火车或班车。

银川西夏王陵

银川贺兰山岩画

银川贺兰山

银川镇北堡影视城

中卫

沙坡鸣钟

黄河

中卫，位于宁夏中西部，著名的旅游城市。辖区内的沙坡头景区，集沙、山、河、园于一体，并以其"人类治沙史上的奇迹"而被联合国授予"全球环境保护500佳"，人们在这里可欣赏到绿洲和沙漠奇妙地组合在一起的美景。

推荐游玩时间：1～2天，建议住市区或者沙坡头景区内。

 推荐住宿地

中卫优派莱斯酒店、中卫时尚·假日酒店、中卫大酒店、中卫天和时尚酒店、如家快捷酒店（中卫鼓楼世和新天地店）、中卫沙坡头沙漠酒店、中卫沙坡头假日酒店。

 推荐游玩路线

沿沙坡头景区路线游玩。

在沙坡头景区老年人可选择适合自己的活动，如坐羊皮筏、骑骆驼等，当然还可以滑沙。有时间还可以去高庙、海原清真大寺等地游览。

 美食

煎猪脏、猪瓢子、浑酒小炒、素菜豆腐、滚粉泡芋、大锅揪面、书本子油馍、牛舌头饼，等等。

 推荐餐馆

南大街及南环路附近的小吃街。

 中卫→巴丹吉林

从中卫到巴丹吉林沙漠景区，可从中卫坐火车到金昌，然后转车去阿拉善右旗，再转车或拼车、包车去巴丹吉林沙漠景区。

内蒙古巴丹吉林沙漠

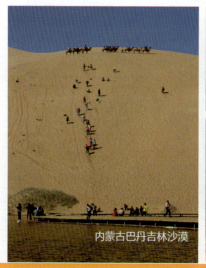

内蒙古巴丹吉林沙漠

内蒙古巴丹吉林沙漠

巴丹吉林沙漠

　　巴丹吉林沙漠，位于内蒙古自治区的西部，是中国四大沙漠之一。虽然年降水量不足40毫米，但是沙漠中的湖泊竟然多达100多个。高耸入云的沙山，神秘莫测的鸣沙，静谧的湖泊、湿地，构成了巴丹吉林沙漠独特的迷人景观。奇峰、鸣沙、湖泊、神泉、寺庙堪称巴丹吉林"五绝"。沙漠深处还有牧民居住。

推荐游玩时间：1天，建议住阿拉善右旗。

 推荐住宿酒店

阿拉善右旗朋来酒店、阿拉善右旗水利酒店。

 推荐游玩路线

　　因为景点比较分散，所以建议选择1～2个景点游玩。
　　景区内共有5个景点，著名的有庙海子、巴丹吉林庙、巴丹湖、必鲁图沙山登。但因为景点比较分散，不可能一天游览完，虽然景区有住宿，但并不建议老年朋友居住，一是条件有限，二是进景区后到各个景点，需租用景区的越野车，从沙漠开车进去，沙丘上下坡度大，车子颠簸很厉害，时间长了，老年朋友可能会身体吃不消。进入沙漠前，应该准备干粮和水。

 阿拉善右旗→额济纳

　　从阿拉善右旗到额济纳可坐班车（车次少）或包车拼车前往。

额济纳

内蒙古额济纳胡杨林

额济纳旗，是内蒙阿拉善盟辖下的一个旗，位于内蒙的最西端。胡杨林景观是额济纳最吸引人的旅游资源，主要分布在达来呼布镇周围，每年深秋时节，胡杨林一片金黄，景色壮美。胡杨又名胡桐，素有"生一千年不死，死一千年不倒，倒一千年不朽"的美誉，被视为活的植物化石，额济纳胡杨林区是世界仅存的三处天然胡杨林之一，且保护最为完整。

推荐游玩时间：2～3天，综合考虑建议住达来呼布镇胡杨林景区附近。

因为胡杨林观赏时间限制在9月下旬到10月中旬，所以这段时间达来呼布镇的住宿比较紧张。有许多居民会在这段时间把自己的房子腾出来出租。

 推荐住宿地

额济纳旗丽雅商务宾馆、额济纳旗缘梦居家庭旅馆、额济纳旗有缘人家庭宾馆、额济纳胡杨缘家庭宾馆。

 推荐游玩路线

D1： 胡杨林景区（二道桥到四道桥）。

D2： 居延海→策克口岸→八道桥。

D3： 黑水城→怪树林。

额济纳的景点比较分散，建议拼车或包车前往。

另外，镇子周围的一些村子里也有很多胡杨树。

198

内蒙古额济纳二道桥景区

内蒙古额济纳胡杨林

内蒙古额济纳怪树林景区

 美食

驼掌、奶酪、烤羊，等等。

 额济纳→呼和浩特

　　游完额济纳，可以坐班车到酒泉，然后坐火车到呼和浩特。

内蒙古额济纳黑水城

呼和浩特五塔寺

呼和浩特大召寺海棠树

呼和浩特大召寺

呼和浩特清真大寺

呼和浩特

呼和浩特是内蒙古自治区的首府，呼和浩特是蒙古语，意为"青色的城市"，它有着悠久的历史和光辉灿烂的文化，是华夏文明的发祥地之一，旅游资源非常丰富。

推荐游玩时间：1～2天，建议住回民区中山路一带。

推荐住宿酒店

内蒙古锦江国际大酒店、呼和浩特喜来登酒店、呼和浩特巨华国际大酒店、内蒙古春雪四季酒店、内蒙古金仕顿大酒店、锦江之星（新华大街店）、如家快捷酒店（火车站站前广场店）。

推荐游玩路线

D1： 伊斯兰风情街→清真大寺→大召寺→席力图召（延寿寺）。

D2： 内蒙古博物馆→五塔寺→昭君墓。

还可以去万部华严经塔（白塔）、呼和浩特博物馆（清公主府）、哈素海等地游玩。

美食

手抓羊肉、焖面、烧麦、焙子、莜面、烤羊排、酸奶、炸羊尾、血肠等。

推荐餐馆

三和元饭庄、麦香村（大北街店）、老绥远烧麦（大学东街店）、新乌兰饭店、兰山莜面大王、巴彦德乐海（总店）、格日勒阿妈奶茶馆（锡林北路店、八一店）。

本条线路的旅程到此结束，大家可在呼和浩特选择合适的交通工具回家。

线路八

乌鲁木齐→克拉玛依（乌尔禾魔鬼城）→布尔津（五彩滩）→喀纳斯湖→可可托海→乌鲁木齐

这条线路的最佳游览时间是九月中下旬到十月上旬。因为景点间隔距离远，加上新疆地广人稀，两地之间乘坐班车的时间也比较长，对于老年人来说是个考验，所以建议包车或拼车旅行。另外，因为时差的关系，新疆天黑得比较晚，在落日时分，往往会出现火烧云等奇幻天象，建议游客在保证解决交通工具和住宿的情况下，尽可能地在景区或郊外待到日落时分。

（详见避暑之旅线路八）

从乌鲁木齐到乌尔禾魔鬼城，可以先坐火车或班车到克拉玛依，然后转到乌尔禾的班车再打车前往。因为魔鬼城景区的入口就在公路边，也可以坐克拉玛依往布尔津方向的班车，在景区门口下车。

乌鲁木齐天池

老有所乐
——爷爷奶奶去哪儿

新疆乌尔禾风城（魔鬼城）

克拉玛依
（乌尔禾魔鬼城）

克拉玛依，著名的石油城。境内的世界魔鬼城（乌尔禾风城）曾被评选为"中国最瑰丽的雅丹"。

推荐游玩时间：1～2天，建议住克拉玛依或乌尔禾镇。

 推荐住宿地

克拉玛依：克拉玛依海岸阳光精品酒店、克拉玛依蓝海城市花园酒店、克拉玛依正天华厦大酒店、克拉玛依君悦百合主题酒店、克拉玛依雪莲宾馆、克拉玛依蓝海城市花园东岸酒店。

乌尔禾：克拉玛依大漠明珠商务宾馆、克拉玛依玉都商务宾馆。

 推荐游玩路线

乌尔禾风城景区。乌尔禾风城景区晚8点下班，如果想待到日落时分，请进入时跟景区联系，让其提供旅游车接送。乌尔禾镇离景区十多公里，如住这里，请解决好交通工具。

在克拉玛依还可以去克拉玛依河、黑油山等地游览。

新疆乌尔禾风城（魔鬼城）

 美食

黄面、凉皮、灌米肠、手抓饭等。

 推荐餐馆

博达市场、塔河路的夜市有不少餐馆。

 乌尔禾→布尔津

从乌尔禾到布尔津，需拦路过的班车（比如乌市或屯奎到布尔津、克拉玛依到哈巴河）抵达。

新疆乌尔禾风城（魔鬼城）

新疆布尔津五彩滩

新疆布尔津五彩滩

布尔津
（五彩滩）

布尔津县，位于新疆维吾尔自治区北部、阿尔泰山脉西南麓、准噶尔盆地北沿、西北部与俄罗斯、哈萨克斯坦接壤，是中国西部唯一与俄罗斯交界的县。著名的喀纳斯湖景区就在该县。这里说的布尔津，是指县城，是一个很干净整洁、富有异国情调的小城。

推荐游玩时间：1～2天，建议住布尔津县城。

推荐住宿地

布尔津县友谊峰大酒店、布尔津旅游宾馆、布尔津鑫泰商务酒店、阿勒泰布尔津圣泉宾馆。

推荐游玩路线

五彩滩。

五彩滩在布尔津县城郊外 24 公里处，在前往喀纳斯的路边有个岔口，进去不到一公里。最好是打车或包车前往。五彩滩毗邻碧波荡漾的额尔齐斯河，北岸是悬崖式雅丹地貌，岩石颜色多变，夕阳下显得五彩斑斓；南岸则是绿树葳蕤，连绵成林，远处逶迤的山峦与戈壁风光尽收眼底。

美食

烤狗鱼、羊肉串等。

推荐餐馆

美食街有多家餐馆可一饱口福。

布尔津→喀纳斯湖

从乌鲁木齐也可直接乘卧铺汽车到布尔津。布尔津到喀纳斯湖景区可坐班车或旅游车前往。

喀纳斯湖景区

喀纳斯湖，新疆北部著名的淡水湖，因传说中的水怪而闻名于世。雪山、森林、浮木、时常变换颜色的湖水、图瓦人居住的小木屋，都会让您流连忘返。

推荐游玩时间：1～2天，建议住贾登峪或景区内。

推荐住宿地

布尔津喀纳斯山庄、喀纳斯鸿福生态度假酒店、喀纳斯龙湖酒店。

推荐游玩路线

D1： 月亮湾→卧龙湾→神仙湾→观鱼台→白哈巴村。

贾登峪是喀纳斯景区的门户，如今已建设成为喀纳斯旅游接待和管理的大本营，离喀纳斯景区大门几分钟车程，有住宿和餐饮，餐饮比较贵，私人住宿比较便宜，但条件稍差。贾登峪和景区大门之间有班车。

进喀纳斯景区后，坐观光车沿途浏览月亮湾、卧龙湾、神仙湾等景点（到景点下车），然后到观光车换乘中心，这里有到观鱼台（可看喀纳斯湖全貌）、白哈巴村（看点是图瓦人居住的村子、中哈界碑、边境哨所及沿路风光）、喀纳斯湖漂流等地方的车。

去白哈巴只需在景区的警务所登记一下就行了，不用办边境证。沿路有武警查身份证。没有身份证的不许到边境。巴哈巴村也有住宿。

新疆喀纳斯景区卧龙湾

新疆喀纳斯景区月亮湾

还可以去禾木村游玩。禾木村是著名的图瓦人村庄之一，秋天的禾木非常美。禾木有住宿。

从喀纳斯到禾木有班车（冬季没有），布尔津也有班车到禾木。

在保证交通工具的前提下，住布尔津也行，早上起早点前往喀纳斯，一天来回。

美食

馕、手抓饭、羊肉等。

喀纳斯→可可托海

从喀纳斯到可可托海，可先乘班车到布尔津，然后转班车到北屯，再转到可可托海的班车。也可坐车到富蕴县县城，再转到景区的专线车。

新疆喀纳斯景区喀纳斯湖

新疆喀纳斯景区白巴哈村

新疆喀纳斯景区观鱼台

可可托海

可可托海，暨新疆可可托海国家地质公园，位于新疆东北部阿勒泰地区富蕴县，这里曾因矿产资源丰富而举世闻名。景区由额尔齐斯大峡谷、可可苏里、伊雷木湖、卡拉先格尔地震断裂带四部分组成。

推荐游玩时间：1～2天，建议住可可托海镇或富蕴县城，景区内也有住宿，有些地方可露营。

 推荐住宿地

县城：富蕴福瑞大酒店、富蕴黑金大酒店。

景区：可可托海桦林园宾馆、可可托海北疆明珠大酒店、阿勒泰富蕴县可可托海宾馆。

 推荐游玩路线

主要游览额尔齐斯大峡谷，白桦林游览区→水磨沟游览区→野葡萄沟游览区→金三角游览区→百花草场→石门游览区→神钟山游览区→峡谷花岗岩游览区→温泉休闲度假区。景区内有观光车。

有时间还可以去可可苏里、伊雷木湖、卡拉先格尔地震断裂带、功勋矿坑三号矿坑等景点。

 美食

粉汤、纳仁（手抓羊肉面）、马肠等。

 可可托海→乌鲁木齐

从可可托海到乌鲁木齐，可在富蕴县城坐班车。

可可托海国家地质公园

导注

　　班车会经过一个叫五彩湾的地方，有个景点叫五彩城，这里的土地是由深红、黄、橙、绿、青灰、灰绿、灰黑、灰白等多种色彩的泥组成，与页岩互层构成的低丘群，在夕阳下尤其美。但五彩湾镇住宿条件不好。

　　此条线路到此结束，大家可在乌鲁木齐选择合适的交通工具回家。

五彩湾五彩城

五彩湾五彩城

五彩湾五彩城

线路九

**成都→康定→稻城（亚丁）→香格里拉（中甸）→梅里雪山
→虎跳峡→丽江→泸沽湖→大理→昆明**

这条线路多半行进在高原，请老年朋友根据自己的情况，谨慎选择。注意事项参看夏季线路十二。

成都 → 康定

稻城红草地

　　成都到稻城有直达班车，行程2天，在康定歇一晚。建议坐从成都到康定的班车，在康定适应一天，然后坐康定到稻城的班车抵稻城。当然也可从康定坐车到新都桥，玩上一两天，然后坐车到雅江，从雅江坐车到稻城。或直接拼车或包车到稻城。另外，稻城有飞机场，可坐从成都到稻城的班机抵达。

　　成都、康定、新都桥的旅游情况，详见避暑之旅线路十一。

　　从康定到稻城需经过雅江和理塘。理塘县城海拔超过4000米，不建议在此住宿。

稻城
（亚丁）

　　稻城县位于四川省西南边缘，地处青藏高原东南部，属康巴藏区的甘孜藏族自治州。境内的亚丁景区以仙乃日、央迈勇、夏纳多吉三座雪峰（神山）为核心区。由于特殊的地理环境和自然气候，形成了独特的地貌和自然景观，是我国保存最完整的一处自然生态系统。

　　推荐游玩时间：2～3天，建议在县城住两天，亚丁村住一天。

 推荐住宿地

　　稻城翔云酒店、稻城日瓦翔云酒店、速8酒店（稻城店）、稻城亚丁蒋三哥民居客栈、稻城格桑美朵丽森忆栈（丽森家稻城店）。

推荐游玩路线

D1: 傍河、色拉坝子→亚丁村→冲古寺→珍珠海。

D2: 洛绒牛场（可观赏到三大神山），返回稻城。

从稻城到亚丁最好是拼车或包车前往。也可以坐班车到香格里拉镇，然后转车到亚丁景区。

从景区门口到冲古寺（海拔3880米），建议骑马上去，冲古寺到洛绒牛场（海拔4200米）有景区提供的电瓶车。亚丁其他景点还有牛奶海、五色海等，因为海拔超过4500米，行路艰难，不建议老年朋友前往。

稻城的景点还有桑堆红草地、稻城青杨林等。从亚丁回到稻城，可去往茹布查卡温泉泡澡。

 亚丁→香格里拉

游完稻城亚丁，可沿318国道原路返回成都。如果不想走回头路，也可以经理塘走川藏线进西藏。也可以坐车到云南的香客里拉（中甸）。下面就介绍后一条线路。

从稻城到香格里拉（中甸）可以坐班车，班车有两条线，建议坐绕道德荣的，虽然远一点，但路况会好很多。

亚丁冲古寺

稻城亚丁央迈勇神山

稻城亚丁村

香格里拉

香格里拉属都湖

香格里拉属都湖

香格里拉碧塔海

中甸松赞林寺

香格里拉
（中甸）

香格里拉县，原名中甸县，位于云南省西北部，是三江并流的腹地。境内雪山耸峙，草原广袤，河谷深陡。海拔在 4000 米以上的雪山有 470 座。

推荐游玩时间：2 ～ 3 天，建议住县城独克宗古城。

推荐住宿地

香格里拉帝贝近云度假酒店、香格里拉畅王府精品藏家酒店、香格里拉昆仑客栈、香格里拉無府精品客栈、香格里拉亦木堂客栈、香格里拉古城远方的家客栈、迪庆香格里拉雪儿客栈、迪庆乐庄林卡客栈、香格里拉芝麻开花（橡树缘连锁客栈）、汉庭酒店（香格里拉店）。

推荐游玩路线

D1： 普达措国家森林公园（包括蜀都湖和碧塔海，县城有班车）。
D2： 松赞林寺（有小布达拉宫之称，可坐公交）、纳帕海（打车或包车）
独克宗古城也很值得好好逛逛。

美食

牦牛肉火锅、尼西土锅鸡、琵琶肉、藏香猪、酥油茶等。

香格里拉→梅里雪山

从香格里拉到梅里雪山，可坐班车到德钦县城，然后转车到飞来寺。也可拼车或包车前往。

梅里
雪山

梅里雪山，位于滇藏边界，处于世界闻名的金沙江、澜沧江、怒江"三江并流"地区，是一座北南走向的庞大雪山群体。澜沧江和怒江分东西两侧从山脚下流过，平均海拔在 6000 米以上的便有 13 座，称"太子十三峰"。主峰卡瓦博格峰海拔 6740 米，是云南海拔最高的山峰。

推荐游玩时间：1～2 天，建议住飞来寺。

推荐住宿地

德钦梅里往事酒店、德钦面茨姆商务酒店、德钦飞来寺观景天堂大酒店、飞来寺卡瓦格博酒店。

推荐游玩路线

景点有飞来寺雨崩、永明冰川等，但都需徒步。

梅里雪山→虎跳峡

从梅里雪山到虎跳峡，可坐德钦到丽江的班车到虎跳峡镇（桥头）下，或者先从德钦坐车到香格里拉，再转车去虎跳峡镇（桥头）。

梅里雪山

老有所乐
——爷爷奶奶去哪儿

虎跳峡

　　虎跳峡，是金沙江上游的一段峡谷，距离丽江纳西族自治县县城60公里，由东面的玉龙雪山和西面哈巴雪山夹击而成，峡谷垂直高差3790米，江流最窄处，仅约30余米。这个峡谷分为上虎跳、中虎跳和下虎跳三段，上虎跳峡至下峡口，全长15公里，落差达210米。江水湍急奔腾、波浪翻飞，构成世上罕见的山水奇观。一般游客虎跳峡游玩，都是在上虎跳观赏峡谷风光。

推荐游玩时间：半天，建议住丽江。

 推荐游玩路线

上虎跳，按景区游览线路游览。

 虎跳峡→丽江

从虎跳峡到丽江，可坐班车。其间有个叫"长江第一湾"的景点值得一看。

云南上虎跳峡

云南丽江大研古城

丽江

　　丽江，即丽江古城，又名"大研古镇"，坐落在丽江坝中部，玉龙雪山下，世界文化遗产，至今已有八百多年的历史。它是我国"保存最为完好的四大古城"之一，是我国仅有的以整座古城申报世界文化遗产获得成功的两座古县城之一。这里主要生活着纳西族人。

　　推荐游玩时间：2～3天，建议住大研古城客栈或附近，还可住束河古镇。

推荐住宿地

　　大研古城：丽江丽人居客栈、花样年华精品风情驿栈（丽江臻品院）、爱上院子连锁庭院（丽江善悟纳西庭院）、丽江花语岸温泉风情客栈、阅古楼（丽江少府狮山人家店）、丽江阅古楼观景客栈、丽江凌云·花舍精品客栈、初见·丽江精品人文客栈。

　　束河古镇：安比利屋（丽江爱丽思店）、丽江纳裕兰精品客栈、丽江诸葛客栈。

云南丽江大研古城

束河古镇

玉龙雪山

云南丽江束河古镇

老有所乐
——爷爷奶奶去哪儿

 推荐游玩路线

D1： 束河古镇、大研古镇（四方街、木府等）。

D2： 甘海子、白水河、玉龙雪山（老年游客建议坐小索道到云杉坪）。

D3： 黑龙潭、拉市海、茶马古道。

在丽江，还可以欣赏纳西音乐。

丽江→束河古镇

丽江到束河古镇有公交，或者坐坐标识为挂有"龙泉"或者"束河古镇"字样的小面包车进束河。丽江到玉龙雪山有公交或乘索道公司的班车。丽江到拉市海有面包车。

 美食

腊排骨、丽江三文鱼、丽江粑粑、纳西烤鱼、黑山羊火锅、米灌肠等。

 推荐餐馆

三文彩虹鳟鱼庄、钰洁腊排骨火锅、象山市场。

丽江→泸沽湖

从丽江到泸沽湖可坐班车，泸沽湖也有机场。

云南丽江拉市海湿地

云南丽江拉市海湿地

玉龙雪山蓝月谷

泸沽湖

云南去泸沽湖的路上

泸沽湖，俗称亮海，位于四川省凉山彝族自治州盐源县与云南省丽江市宁蒗彝族自治县之间。湖面海拔约 2690 米。湖边的居民主要为摩梭族，至今保留着走婚的习俗，家家之主皆为女性，其家庭成员血缘，均为母系血统。

推荐游玩时间：2 ~ 3 天，建议住泸沽湖沿湖村子。

推荐住宿地

泸沽湖银湖岛大酒店、泸沽湖里格半岛 7 号客栈、三色云河连锁客栈（泸沽湖店）、泸沽湖自在·情人树野奢客栈、泸沽湖滇放大酒店。

推荐游玩路线

D1： 大落水村。

D2： 包车环湖或徒步随意行走（草海、走婚桥、里格村等）。

泸沽湖宁静安详，在这里应该享受慢生活，在湖边散步，去摩梭人家做客聊天，欣赏狮子峰，看湖上日升日落，坐猪槽船游湖，或者沿湖边骑行，都是不错的选择。

美食

猪膘肉、干巴鱼、苦荞粑粑，等等。

泸沽湖→丽江→大理

从泸沽湖坐车回丽江，然后坐班车到大理。

泸沽湖里格村

泸沽湖狮子峰

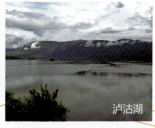

泸沽湖

大理

云南大理崇圣寺三塔　　云南大理古城　云南大理洱海

大理，即大理白族自治州，云南著名游览地，一年四季气候宜人。境内以苍山、洱海、大理古城、崇圣寺三塔、蝴蝶泉等景点最有代表性。

推荐游玩时间：2～3天，建议住大理古城和双廊。

 推荐住宿地

大理古城：大理柠檬客栈、大理孔雀缘客栈、老故事（大理）文化主题客栈 、大理玉竹精品小院 、大理小雨客栈、古城美好旅程客栈、花田囍室客栈。

双廊：七畎舍海景庭院客栈、观海梵间客栈、洱海醒来精品海景客栈、廊海音度假客栈、观海梵间客栈、依水云居客栈。

 推荐游玩路线

D1： 古城、崇圣寺三塔。

D2： 苍山、双廊。

还可以去喜洲、蝴蝶泉等地游玩

古城到双廊可坐班车或拼、包车前往，双廊是洱海边的一个小镇，食宿都方便。

美食

海格儿、饵块、乳扇、喜洲粑粑、一根面等。

推荐餐馆

益恒饭店、老宅子私房菜馆、尽善百年古院餐厅、人民路壹号餐厅、双廊乐道餐厅。

 大理→昆明

大理到昆明可坐火车或班车。

云南昆明翠湖公园

访
之旅

昆明

　　昆明，云南的省会，历史文化名城。夏无酷暑、冬无严寒、气候宜人，是著名的春城。境内的"石林"景区是世界自然遗产。云南石林，是世界唯一位于亚热带高原地区的喀斯特地貌风景区，素有"天下第一奇观""石林博物馆"的美誉。

　　推荐游玩时间：1～2天，建议住北京路周边，火车站到东风广场之间。如果是转车去其他地方，也可以住离客运站近点的地方（昆明的客运站按目的地方向分为东南西北部四个客运站）。

推荐住宿地

　　昆明佳华广场酒店、昆明海天酒店、昆明锦江大酒店、昆明沃特酒店、汉庭酒店（火车站店、北京路店）、7天优品酒店（火车站广场店）、莫泰（环城南路地铁站店）、如家快捷酒店快捷酒店（北京路淘宝女人街店）、7天连锁酒店（火车站民航机场大巴站店）。

推荐游玩路线

D1： 石林。

D2： 滇池、西山。

　　去往石林可以坐火车到石林后转乘公交车去景区，也可以在东部客运站坐直达景区的班车。

　　还可以去翠湖公园（每年11月到次年3月，湖中会栖息着很多来自西伯利亚的红嘴鸥）、陆军讲武堂、圆通寺、云南名族村、金马碧鸡坊、海埂公园等景点游玩。

美食

　　汽锅鸡、过桥米线、小刀鸭、蘸水苦菜、包浆豆腐、大酥牛肉、烧饵块等。

推荐餐馆

　　福华园、建新园、南来盛、端仕小锅、英凤烧饵块、桥香园、福照楼北大门总店、关上野生菌一条街。

　　本条线路的旅程到此结束，大家可在昆明选择合适的交通工具回家。

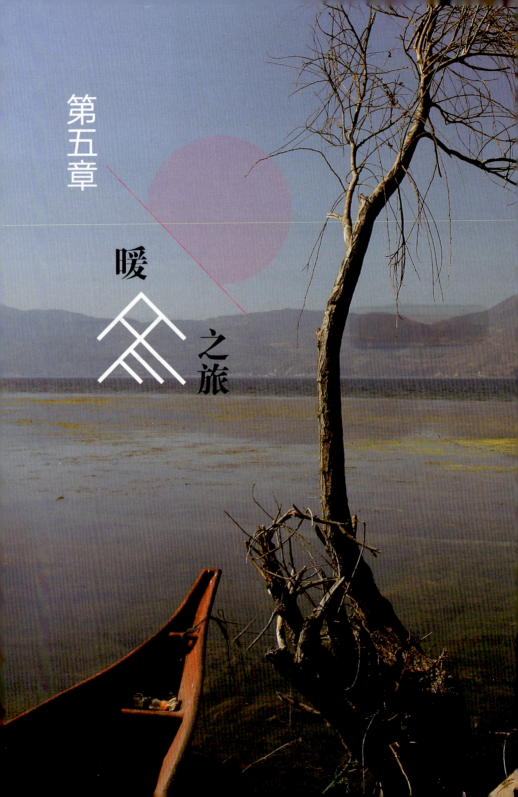

第五章

暖

之旅

　　"孤舟蓑笠翁，独钓寒江雪"，诗中的意境虽然美好，但我相信大多数老年朋友都无法享受。冬季漫长，除了在家猫冬以外，还有啥好办法让我们度过寒冬呢？当然是旅游了。冬天虽然不是老年朋友的最佳出游时机，但我们也有合适的路线推荐给您。

　　我国大多数地方冬天气候寒冷，但是在我国南方有些地方，却温暖如春，老年人去这些地方过冬，不仅会体验到旅游的乐趣，而且避免了寒冷的气候引起的不适，可谓一举两得。

线路一 ::

海口→文昌→琼海（博鳌）→万宁→陵水→三亚→五指山→海口

　　海南岛一年四季都适合旅游，冬天更是避寒的好地方。如果时间短，就在三亚玩几天；如果时间长，可以尝试环岛游。这里就把环岛游作为推荐行程，老年朋友可根据自己的情况取舍。

海口

　　海口，海南省省会城市，气候宜人，交通发达。到海口可以乘飞机、火车、班车或轮船。

　　推荐游玩时间：1～2天，建议住市中心。

推荐住宿地

　　海口中银海航国商酒店、海口时光印主题酒店、海口西柠假日酒店、嘻哈酒店公寓（海口望海国际店）、海口鸿运大酒店、汉庭酒店（海口明珠广场店）、如家快捷酒店快捷海口东湖路店。

推荐游玩路线

　　D1： 东寨港红树林自然保护区（免费）→骑楼老街。
　　D2： 海口石山火山群世界地质公园→假日海滩（免费）。
　　东寨港红树林自然保护区是我国建立的第一个也是最大的红树林保护区，可乘公交车到达。市区有直达班车到海口石山火山群世界地质公园，或坐到石山的小巴，路过景区时下车。
　　还可以去热带野生动植物园、海瑞墓、五公祠、金牛岭公园、热带海洋公园等地游览。

美食

清补凉、椰子饭、鱼煲、海南粉、石山壅羊、海口甜薯奶以及各种海鲜。

 **推荐餐馆**

琼菜坊（华侨店）、琼菜王美食村、亚妹粉店、牛腩店老字号（博爱南 129 号）、金顺德生滚粥（总店）、美兰和友海鲜酒店、美兰喀尔湾老新疆美食店、海口骑楼小吃街（解放西路）。

 **海口→文昌**

从海口到文昌可坐动车或班车。

海口骑楼小吃街

海南文昌东郊椰林

海南文昌铜鼓岭

文昌

　　文昌，古称紫贝，为海南三大历史古邑之一，海南闽南文化发源地，也是中国第四座航天之城。自然风景优美，文化底蕴深厚，有中国椰子之乡、华侨之乡、航天之乡以及长寿之乡等"九乡"之美誉，被誉为"阳光东海岸上的明珠"。

　　推荐游玩时间：1～2天，建议住文昌公园附近或东郊椰林或清澜港。

推荐住宿地

　　文昌维嘉国际大酒店、文昌海岸金城大酒店、文昌凤凰城大酒店、文昌金石商务酒店、文昌椰林荷泰海景酒店。

推荐游玩路线

　　孔庙→文庙→攻关桥→文南路骑楼→东郊椰林。

　　到东郊椰林可在汽车站坐到东郊的车，然后转车前往；或者坐到清澜港的中巴到后乘船到对岸，再转车前往。

　　还可以去宋庆龄祖居、铜鼓岭、高隆湾、铺前老街、斗柄塔等地游玩。

　　另外，在清澜港可以搭乘渔民的渔船出海打渔。

美食

　　文昌鸡、按粑、糟粕醋、马鲛鱼、粑汤、粑仔、抱罗粉、椰子粄（椰子粿）以及各种海鲜。

推荐餐馆

　　文昌鸡饭店、一家鸡饭店、约亭林记天机抱罗粉店。

文昌→琼海

　　从文昌到琼海可坐动车或班车。

琼海，著名侨乡，红色娘子军的故乡，万泉河穿过市区，也是博鳌论坛会址所在地。

推荐游玩时间：1～2天，建议住市区或博鳌论坛会址附近。

 推荐住宿地

市区：琼海皇家骑士万泉度假酒店、泰美国际精品酒店（银海路店）、汉庭酒店（步行街店）、琼海四季春天酒店、7天连锁酒店（银海路店）。

博鳌论坛会址附近：博鳌国宾馆、琼海博鳌亚洲论坛大酒店、琼海博鳌金海岸温泉大酒店、琼海博鳌和悦海景度假酒店、琼海华美达酒店、琼海博鳌玉带湾大酒店。

 推荐游玩路线

玉带滩→博鳌论坛会址→红色娘子军纪念馆。

还可以去万泉河边走走，去官塘泡泡温泉。

 美食

嘉积鸭、潭门鱼、鸡藤粑仔、胡椒猪肚煲、箕粽、塔洋粑沙。

 琼海→万宁

从琼海到万宁可坐动车或班车。

万宁，有槟榔之乡、温泉之乡的美誉。

推荐游玩时间：1～2天，建议住兴隆镇。

推荐住宿地

万宁中奥戴斯温泉度假酒店、万宁忆云华美达温泉度假酒店、万宁兴隆曼特宁温泉酒店公寓、万宁同发温泉大酒店。

推荐游玩路线

兴隆热带植物园→跑温泉。

还可以去东山岭、石梅湾、日月湾等地游玩。

美食

东山羊、和乐蟹、槟榔、兴隆咖啡、后安鲻鱼、港北对虾、后安粉、渔人码头海鲜美食城等。

万宁→陵水

从万宁到陵水可坐动车或班车。

陵水

陵水，是黎族自治县，其热带作物、旅游以及海洋资源得天独厚。

推荐游玩时间：1 ~ 2 天，建议住陵水县城。

推荐住宿地

陵水乐龄中州国际大饭店、陵水伯明顿酒店、如家快捷酒店快捷酒店（陵水陵文路店）、7 天连锁酒店（陵水北斗路店）。

推荐游玩路线

分界洲岛→南湾猴岛→吊罗山国家森林公园。

分界洲岛有潜水项目，老年游客谨慎选择。

美食

陵水酸粉、鸡屎藤粉汤及各种热带水果、各种海鲜等。

陵水→吊罗山国家森林公园

从陵水县城到吊罗山国家森林公园，可在县城的富陵路乘中巴车到本号镇，再转乘 30 分钟左右一趟的三轮摩托车可直达景点；也可在陵水车站乘坐吊罗山林业局的工作车。吊罗山国家森林公园有住宿。

去南湾猴岛，可在陵水县城搭乘陵水至新村的巴士，在终点下车，或乘船（有去猴岛的船）或坐缆车前往。

另外，陵水港口很多，也可随当地渔民的渔船出海打渔。

陵水分界洲岛

陵水猴岛浴圣池

陵水猴岛

三亚

海南三亚

三亚，别称鹿城，位于海南岛的最南端，全国空气质量最好的海滨城市，全国最长寿的地区之一，世界著名的滨海旅游城市，被称为"东方夏威夷"。

推荐游玩时间：3天以上，建议住亚龙湾、大东海、三亚湾或市区。

 推荐住宿地

亚龙湾：天域度假酒店、亚龙湾万豪度假酒店、亚龙湾红树林度假酒店、金茂三亚亚龙湾丽思卡尔顿酒店、亚龙湾天鸿度假村、三亚吉吉岛度假洋房别墅、途家斯维登度假公寓（亚龙湾店）、亚龙湾远方有个村精品客栈。

大东海：三亚半山半岛洲际度假酒店、三亚湘投银泰度假酒店、三亚半山锦江海景度假酒店（贵宾楼）。

三亚湾：三亚海韵度假酒店、三亚财富海湾大酒店、三亚湾红树林度假世界（木棉酒店）、三亚唐拉雅秀酒店、三亚凤凰水城凯莱度假酒店、三亚万科森林悦度假村。

市区：三亚中心皇冠假日酒店、三亚黎客国际酒店、途家斯维登度假酒店（世纪豪庭店）、锦江之星（三亚国际购物中心店、解放路店）、汉庭酒店（三亚第一市场店、白鹭公园店）。

 推荐游玩路线

D1： 南山风景区→天涯海角。

D2： 蝴蝶谷→亚龙湾。

D3： 蜈支洲岛。

还可以去大东海、鹿回头、三亚湾（椰梦长廊）、呀诺达热带雨林景区等景点游玩。

在三亚游玩，每天的行程别安排得太满，慢慢享受椰林海滩的情趣。

美食

　　抱罗粉、清补凉、椰子饭、文昌鸡、东山羊、和乐蟹、加积鸭、芒果螺、四角豆、五指山野菜以及各种海鲜。

推荐餐馆

　　拾味馆（海景花园店）、四川小胡子海鲜加工店、"四川毛哥海鲜加工店"、林姐香味海鲜加工店、雪姐海鲜、小正抱罗粉店、老海南椰奶清补凉。

　　买海鲜可以去第一市场、河西路海鲜广场一条街；买水果可以去鸿巷水果市场。买海鲜、水果注意防骗。可以让加工店店员带着去买海鲜。

三亚→五指山

　　从三亚可坐班车到五指山市。

海南三亚蜈支洲

海南三亚亚龙湾

五指山

五指山位于海南岛的中部，因峰峦起伏形似五只手指而得名。五指山是海南岛第一高的山脉，也是海南岛的象征。

推荐游玩时间：1～2天，建议住山下。

 推荐住宿地

五指山亚泰雨林度假酒店、五指山福德莱酒店、五指山珠江水晶酒店、五指山一方酒店。

 推荐游玩路线

景区有推荐路线，需要爬山，老年朋友量力而行。

 美食

竹筒饭，清补凉，等等。

 五指山市→海口

从五指山市到海口可坐班车。

海南五指山

线路二 ■

韶关（丹霞山）→广州→肇庆→开平→珠海→澳门→香港→深圳

这条线要到香港和澳门，游客在出发前务必在当地公安局办理好个人的港澳通行证。

韶关，古称韶州，得名于丹霞的名山韶石山，自古以来就是华北及长江中下游地区与华南沿海之间最重要的陆上通道和关口。境内的丹霞山，又名中国红石公园，它是全世界 1200 处丹霞地貌中类型最齐全、造型最独特、景色最优美、地质地貌最典型的地区，所以也称之为"露天的地质博物馆"，被评为世界地质遗产。

到韶关可坐火车或高铁，当然还有班车。从韶关市到丹霞山风景区，可在火车站附近坐直达的旅游大巴抵达。

推荐游玩时间：1～2天，建议住丹霞山景区。

 推荐住宿地

丹霞山景区内邂逅阳光江边度假屋、丹霞山香港民宿、丹霞山中山门宾馆、丹霞山红锦湾温泉酒店、红豆兰庭客栈（丹霞山山门店）、7天连锁酒店（仁化丹霞山店）。

 推荐游玩路线

D1： 阳元石游览区：阳元石→云岩栈道→嘉遁亭→细美寨→九九天梯→通泰岩→天门关→海豹石→混元洞→狮子岩。

D2： 锦江漂流、长老峰游览区：半山亭→福音峡→长老峰→观日亭→丹梯铁索→御风亭→摩崖石刻群→阴元石→翔龙湖游船。

景区需要爬山，有些地方路窄坡陡，老年游客应注意选择。景区内可乘坐索道。

在韶关还可游览佛教禅宗六祖慧能弘扬南宗禅法的发祥地南华寺。

老有所**乐**
——爷爷奶奶去哪儿

美食

坑螺、扣肉、烟肉、冷水肚、棘胸蛙、南雄板鸭、月婆鸡等。

推荐餐馆

本岛粥城、东枫美食、阿姨糖水、东鑫阁、华丽食店。

韶关→广州

从韶关到广州可坐火车或高铁，也可乘班车。

广东韶关丹霞山

广州五羊雕塑

广州"小蛮腰"

广州珠江风景

广州长隆

广州

广州，别称羊城，广东省省会城市，粤港澳都市圈、珠三角都市圈的核心城市。因为地处亚热带，长夏暖冬，一年四季草水常绿、花卉常开，所以很早就享有花城的美誉。广州的饮食文化闻名中国，是中国十大美食之都，"食在广州"名副其实。

推荐游玩时间：2～3天，综合考虑建议住火车站、越秀公园附近或上下九地区。

广州白天鹅宾馆、广州希尔顿逸林酒店、广东大厦、广东迎宾馆、广州大厦、柏高商务酒店（广州白云路店）、嘻哈酒店公寓（广州火车站西湾路店）、如家快捷酒店（上下九长寿路地铁站店、广州黄沙大道店）、全季酒店（广州越秀公园店、西门口店）、锦江之星（广州中山纪念堂店）。

 推荐游玩路线

D1： 越秀公园→中山纪念堂→陈家祠堂→上下九步行街→沙面。

D2： 白云山→黄花岗公园→海珠广场→远眺小蛮腰。

还可以去石室圣心大教堂、仁威庙、西关一带老建筑、黄埔军校旧址等地游玩。越秀公园有五羊的雕塑，可以了解广州"羊城"别名的来历。

 美食

各种煲汤、叉烧、烧鹅、牛河、白斩鸡、虾饺、粉肠、各种粥及众多粤菜等。

 推荐餐馆

广州酒家、陶陶居、泮溪酒家、南园酒家、北园酒家、莲香楼、大同酒家、云香酒楼、鹿鸣酒家、幸运楼、清平饭店、大三元、西园酒家、文园酒家、大公餐厅、炳胜酒家、向群饭店、荣华楼、银灯食府、太平馆、南海渔村、开记、顺记冰室、陈添记。

 广州→肇庆

从广州到肇庆可坐火车或班车。

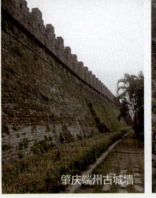

肇庆七星岩　　　　肇庆端州古城墙　　　肇庆鼎湖山的飞仙潭

肇庆

肇庆，国家历史文化名城，文化底蕴深厚，乃岭南文化、广府文化的发源地和兴盛地之一，同时也是我国优秀旅游城市。境内的星湖风景区包括七星岩、鼎湖山两大景，七星岩被誉为"人间仙境""岭南第一奇观"。景区特点是湖中有山，山中有洞，洞中有河，景在城中不见城。

推荐游玩时间：1～2天，建议住星湖广场牌坊附近。

推荐住宿地

肇庆星湖大酒店、肇庆奥威斯酒店、肇庆维纳斯酒店、肇庆国际大酒店、肇庆筷子酒店、肇庆美坚达酒店、如家快捷酒店快捷（肇庆七星岩牌坊天宁北路店）、7天连锁（肇庆七星牌坊天宁广场店）、城市便捷酒店（肇庆七星岩牌坊店）。

推荐游玩路线

七星湖→鼎湖山。

去七星湖和鼎湖山这两个景点都可乘公交车到达。还可以去梅庵、古城墙等景点游览。

美食

庆云寺的鼎湖上素、裹蒸粽、杏花鸡、竹蒿粉、德庆酥、糖莲藕、文庆鲤、濑粉，等等。

推荐餐馆

北岭美食一条街、珍宝美食街均有诸多美食。

肇庆→赤坎

从肇庆到赤坎可坐班车到开平，然后转到赤坎的公交车。

广东开平赤坎古镇

广东开平碉楼

开平

开平，隶属于江门市，著名的侨乡，有"小武汉"之称。因境内碉楼众多，又被称为"碉楼之乡"。碉楼是一种特殊的民居建筑，因形状似碉堡而得名。

推荐游玩时间：1～2天，建议住赤坎古镇。

推荐住宿地

开平影视城酒店、开平 H.hote 禾酒店。

推荐游玩路线

D1： 赤坎古镇→自力村碉楼群→立园。
D2： 马降龙碉楼群→锦江里。

美食

黄鳝饭、彪记羊肉、赤坎豆腐角、开平烧肉、鸭粥、开平狗肉等。

推荐餐馆

兴华黄鳝饭（开平分店）、丰泽园酒店、马仔豆腐角（赤坎镇）。

开平→珠海

从开平到珠海可坐班车。

珠海

珠海渔女雕塑

珠海，我国最早的经济特区之一，生态环境优美，山水相间，陆岛相望，气候宜人，是全国唯一以整体城市景观入选"全国旅游胜地四十佳"的城市。人居环境一流。

推荐游玩时间：1～2天，建议住香洲、拱北等区域内。

 ## 推荐住宿地

珠海万悦酒店、珠海棕泉水疗酒店、珠海骏德会酒店、珠海2000年大酒店、珠海寰庭商旅酒店、珠海格丽酒店公寓、维也纳酒店（香洲汽车总站店）、全季酒店（拱北口岸店）、丽枫酒店（拱北口岸轻轨总站店、拱北口岸店）、锦江之星（珠海拱北店、情侣中路店）。

 ## 推荐游玩路线

情侣路→珠海渔女→圆明新园。

还可以去湾仔澳门街逛逛，去御温泉泡泡温泉，东澳岛、农科中心也值得游览。

 ## 美食

横琴蚝、凤爪、膏蟹、斗门河虾、脆肉鲩、白藤莲藕、对虾、斗门重壳蟹等。

 ## 推荐餐馆

食神海鲜城（拱北店）、名人毋米粥珠海分店、湾仔海鲜自助一条街、斗门海鲜自助一条街。

 ## 珠海→澳门

从珠海到澳门可直接通过拱北口岸进入。

澳门

澳门，我国的特别行政区，国际自由港，是世界人口密度最高的地区之一，也是世界四大赌城之一。

推荐游玩时间：1~2天，综合考虑建议住市中心。

推荐住宿

澳门葡京酒店、澳门新葡京酒店、澳门利澳酒店、澳门富豪酒店、澳门喜来登金沙城中心酒店、澳莱英京酒店、京都酒店。

推荐游玩路线

澳门大三巴牌坊

大三巴、玫瑰圣母堂、龙环葡韵、妈阁庙、海事博物馆、澳门民政总署大楼、葡京娱乐场、威尼斯人度假村、澳门半岛京大赌场、澳门赛马会、渔人码头等。

澳门不大，适合慢慢逛。有时间也可以到赌场看看。

美食

葡式蛋挞、猪扒包、木糠布甸、水蟹粥、葡国鸡、马介休、大菜糕、金钱饼等。

推荐餐馆

安德鲁花园咖啡、法兰度餐厅、皇冠小馆、玛嘉烈蛋挞、义顺牛奶公司、安德鲁蛋挞、黄枝记粥面专家、峰景餐厅、小飞象葡国餐厅、盛记白粥、添发碗仔翅、祥记面家、潘荣记金钱饼、莫义记大菜糕、柠檬车露雪糕屋、大利來记咖啡室、卡夫卡、老佛爷、官也街、澳门河边新街。

澳门→香港

从澳门到香港可以坐船。

香港

香港

香港，我国的特别行政区，是全球闻名遐迩的国际大都市，是仅次于伦敦和纽约的全球第三大金融中心，有"东方之珠""购物天堂"等美誉。

推荐游玩时间：2～3天，香港酒店比较贵，请选择适合自己的，出于安全考虑，建议不要住太便宜的地方。

推荐住宿地

香港半岛酒店、香港港威酒店—马哥孛罗、香港太子酒店—马哥孛罗、香港迪高酒店（华源大厦店）、香港威尼斯宾馆（美丽都大厦）、香港美国宾馆、香港红叶宾馆、香港万年青酒店、香港新花园宾馆（家庭旅馆）。

推荐游玩路线

D1： 中环→香港杜莎夫人蜡像馆→太平山→铜锣湾。

D2： 维多利亚港、星光大道、尖沙咀、庙街、旺角。

还可以去黄大仙祠求签；去西贡、南丫岛吃海鲜、去海洋公园看海豹；到兰桂坊泡酒吧；带着孩子的，可以去迪斯尼乐园，建议住迪斯尼酒店。

香港的公共交通很发达，所有的地方乘坐公共交通工具都可到达。

美食

咖喱鱼蛋、红烧乳鸽、菠萝油、烧腊、云吞、车仔面、鱼蛋粉、牛腩粉、巧克力蜜豆菠萝包等。

推荐餐馆

龙景轩、何洪记、利苑酒家、欣图轩、香宫、添好运点心专门店 、一兰拉面点、九记牛腩、中国冰室、翠华餐厅、陆羽茶室、佐敦澳洲牛奶公司、文华饼店、庙街大排档、盛记大排档。

香港→深圳

从香港到深圳，过罗湖口岸就可以了。

香港海洋公园

香港市容

深圳

广东深圳地王大厦

广东深圳街景

深圳，别名鹏城，是中国最早的经济特区，是中国改革开放的窗口、中国对外交往的重要国际门户，已发展为有相当影响力的国际化城市。

推荐游玩时间：1～2天，建议住南山区。

 推荐住宿地

深圳马可波罗好日子酒店、深圳绿景锦江酒店、深圳深航国际酒店、深圳花园格兰云天大酒店、上品酒店（深圳会展中心店）、深圳葵花公寓、锦江之星品尚（深圳皇岗口岸皇城广场店）、丽枫酒店深圳华强南店、维也纳酒店（深圳会展中心店）、全季酒店（深圳会展中心店）。

 推荐游玩路线

世界之窗→锦绣中华→地王观光。

还可以去民俗文化村、大梅沙小梅沙、南澳岛、明斯克航母等景点游玩。

 美食

烧鹅、腊鸭以及各种海鲜。

 推荐餐馆

侨城一品、手足潮州牛肉坊、金碧螺食府、山海盛宴、凤凰楼 、围龙屋、金悦轩海鲜酒家、翠园、浅花涧雅趣火锅（新城市广场店）、乐园路海鲜一条街、老字号康乐鱼仔档、松园海鲜楼、肥仔海鲜大排档。

本条旅游线路到此结束，大家可在深圳或广州选择合适的交通工具回家。

深圳世界之窗

深圳世界之窗比萨斜塔

广东深圳世界之窗

线路三

南宁→德天瀑布→凭祥→钦州→防城港→北海→涠洲岛→南宁

（详见探春之旅线路九）

从德天瀑布到凭祥，需先坐车到大新县城，然后转班车到凭祥。

凭祥，地处中国南部，与越南的谅山接壤，素有"祖国南大门"之称，是中国最靠近东盟国家的国际化城市，是广西口岸数量最多、种类最全、规模最大的边境口岸城市。著名的友谊关就在凭祥。

推荐游玩时间：1～2天，建议住市区。

 推荐住宿地

凭祥祥城国际大酒店、凭祥锦华国际大酒店、城市便捷酒店（凭祥店）。

 推荐游玩路线

友谊关。从凭祥到友谊关可坐公交到友谊关路口，再转摩托或步行前往。
还可以去浦寨和弄怀口岸看看。

 美食

烤蜂蛹、越式卷筒粉、屈头蛋、越式炸春卷、螺蛳粉、越南粉、三色鱼面、艾叶糍粑等。

 凭祥→钦州

从凭祥到钦州可坐直达班车。

钦州，广西南部南海之滨，北部湾经济区的中心位置，是大西南最便捷的出海通道。

推荐游玩时间：1 ~ 2 天，建议住市区。

推荐住宿地

钦州白海豚国际酒店、钦州金湾大酒店、城市便捷酒店(钦州白海豚店、人民路店)。

推荐游玩路线

三娘湾。钦州客运站有直达三娘湾景区的班车，三娘湾是电影《海霞》的拍摄地，租船出海有机会可以看到白海豚。

还可以去冯子材故居、刘永福故居、八寨沟等景点游玩。

美食

钦州大蚝、蚝油柚皮鸡、蚝油香麻鸡、炒螺肉、钦州猪脚粉等各种粉、各种粥等。

钦州→防城港

从钦州到防城港可坐火车、动车或班车。

凭祥友谊关景区

防城港火山岛

防城港火山岛

防城港簕山古渔村

防城港簕山古渔村

防城港

　　防城港，位于中国大陆海岸线的最西南端，是广西的一座滨海城市、边关城市、港口城市，是北部湾畔唯一的全海景生态海湾城市，被誉为"西南门户、边陲明珠"。它也是金花茶之乡、白鹭之乡。

推荐游玩时间：1～2天，建议住港口附近。

推荐住宿地

　　防城港港宸国际大酒店、防城港深航国际酒店、防城港恒荣大酒店、城市便捷酒店（防城港兴港大道店）、防城港途家斯维登度假公寓（阳光海岸）。

推荐游玩路线

　　港口→白浪滩→东兴京岛金滩。

　　到白浪滩可在汽车站坐班车，到金滩可先坐班车到东兴，然后转公交。

　　还可以去簕山古渔村、火山岛等地游玩。

美食

　　风吹饼、白切光坡鸡、葵花扣鲜鱿、水鱼炖翅、鸡丝蛰皮、华侨卷粉、猪杂汤、京族米粉、屈头蛋、防城牛腩粉等。

防城港→北海

　　从防城港到北海可坐班车。

北海 → 涠洲岛 → 南宁

（详见探春之旅线路九）

北海灿口公园

北海涠洲岛

北海涠洲岛

北海涠洲岛码头集市

本条线路到此结束，大家可以在南宁选择合适的交通工具回家。

线路四

昆明→抚仙湖→建水→元阳→红河→墨江→西双版纳→昆明

昆明

（详见访秋之旅线路九）

从昆明到抚仙湖，可以坐班车到澄江县城，然后转到禄充（抚仙湖景区）的公交车。

抚仙湖

抚仙湖是我国最大的深水型淡水湖泊，位于云南玉溪市境内。它的湖水容量相当于 12 个滇池、6 个洱海水量，占全国淡水湖泊蓄水量的 9.16%。抚仙湖的湖水水质极佳，湖水清澈见底，透明度达 7 ~ 8 米。湖中特产的抗浪鱼是其他湖泊中没有的（现在已经禁止捕捞了）。抚仙湖沿岸开发的景点比较多，最早的是禄充风景区。

推荐游玩时间：1 ~ 2 天，建议住禄充景区附近或沿岸的度假村。

推荐住宿地

澄江金水酒店、澄江海岸线快捷酒店。

推荐游玩路线

禄充风景区，也可以租辆车沿湖岸走走，也可乘船到湖心游览。

美食

铜锅鱼、洋芋饭等。

抚仙湖→建水

从抚仙湖到建水可在澄江县城坐班车到通海，然后再转车到建水。

抚仙湖

抚仙湖

老有所乐
——爷爷奶奶去哪儿

建水

建水，隶属红河州，中国历史文化名城，素有"文献名邦""滇南邹鲁"之称，居住着汉、彝、回、哈尼、傣、苗等民族。小城安静祥和，适合多住几天。县城中的朝阳门其建筑时间早于北京的天安门，是天安门的姊妹门。建水文庙的规模在国内仅次于曲阜的孔庙，建水的烤豆腐更是香飘万里。

推荐游玩时间：2 ~ 3天，建议住朱家花园或县城中心。

推荐住宿地

朱家花园、建水听紫云度假酒店、建水临安酒店、建水临安故事客栈、云上四季连锁酒店（建水古城朱家花园店）、如家快捷酒店快捷酒店（建水古城迎恩路店）。

推荐游玩路线

D1： 朱家花园→文庙→朝阳楼→临安街。

D2： 团山民居→燕子洞。

有时间还可以去西门大板井看看建水豆腐的制作过程，也可以去双龙桥看看。

云南建水朱家花园

美食

烤豆腐、草芽、五彩豆团、汽锅鸡、紫米狮子糕等。

推荐餐馆

临安饭店、西门烧烤、挹爽食府、香满楼、勺粉老店、木瓜老店、板井豆腐坊。

建水→元阳

从建水到元阳可坐班车到元阳县城新城（南沙镇），然后转车到老县城（新街镇）。

云南建水双龙桥

云南建水大板井

云南建水朝阳楼

云南建水朱家花园

元阳

元阳，隶属红河州，位于云南省南部、哀牢山脉南段，红河南岸。哈尼族人常年生活在这里。元阳哈尼族开垦的梯田随山势地形变化，因地制宜，因而梯田大者有数亩，小者仅有簸箕大，往往一坡就有成千上万亩。元阳梯田规模宏大，气势磅礴，绵延整个红河南岸。

推荐游玩时间：1～2天，建议住新街镇或景区附近。

推荐住宿地

元阳悬崖客栈、元阳云上天上多依树景观客栈、元阳游人码头青年旅舍、久居元阳客栈、元阳云顶客栈。

推荐游玩路线

多依树景区（日出）→坝达景区→老虎嘴景区（日落）。

元阳梯田各个景点没有班车，可包车前往。哈尼族有许多节日，如果运气好，可以碰到村子里举行的长街宴。

还可以去龙树坝、爱春景区、箐口哈尼族民俗文化生态旅游村等地游览。

美食

火烧小豆腐、无色糯米饭、鸡丝炒虫芽、炸竹虫、蝉蛹、烤乳猪等。

元阳→红河

从元阳到红河可以坐班车。

云南元阳长桌宴

元阳多依树梯田

元阳多依树梯田

元阳梯田

元阳梯田

红河

红河县，隶属红河州，地处云南省红河西南部，红河中游南岸，少数民族人口占全县总人口的94%，主要是哈尼族人。境内的大羊街乡哈尼村，被《中国国家地理》选为中国最美的6个乡村之一，宝华乡的撒马坝梯田是中国最大的梯田。

推荐游玩时间：1～2天，建议住县城或宝华乡。

推荐住宿地

红河云梯酒店。

推荐游玩路线

D1：撒马坝梯田（日出）→龙甲村→他撒村（甲寅乡）。

D2：大羊街乡哈尼村→县城。

从县城坐车到甲寅乡，因宝华乡和甲寅乡之间没通班车（班车到中途），所以可包车前往他撒村，然后去宝华乡。

美食

五彩饭、火烧黄鳝、冰稀饭、油炸蝗虫、竹筒饭等。

红河→墨江

从红河到墨江，可先坐班车到元江，然后转车去墨江。元江大桥是世界第一高桥。

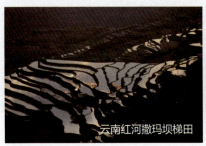
云南红河撒玛坝梯田

云南红河甲寅乡梯田

墨江

　　墨江，全称墨江哈尼族自治县，隶属普洱市，中国唯一的哈尼族自治县。因北回归线穿城而过，又有一年一度（每年五一节）的"中国·墨江北回归线国际双胞胎节暨哈尼太阳节"在此举行，所以墨江被誉为"哈尼之乡、回归之城、双胞之家"以及"太阳转身的地方"。

推荐游玩时间：1～2天，建议住县城。

推荐住宿地

墨江城外城客栈、墨江随喜民族客栈。

推荐游玩路线

北回归线标志园→双胞胎井。

有时间可以去碧溪古镇等地游玩。

美食

肠旺米干、紫米等。

墨江→西双版纳

从墨江到西双版纳景洪可以坐班车。

西双版纳

西双版纳，全称西双版纳傣族自治州，州府所在地为景洪。这里以神奇的热带雨林自然景观和少数民族风情而闻名于世，是中国的热点旅游城市之一。每年的泼水节于 4 月 13 ~ 15 日举行，被誉为"东方狂欢节"。

推荐游玩时间：2 ~ 3 天，建议住景洪澜沧江南岸的中心区。

 推荐住宿地

西双版纳世纪金源大饭店、西双版纳金地大酒店、西双版纳海友度假公寓、西双版纳滨港国际大酒店、西双版纳金地大酒店、西双版纳滨港国际大酒店、五悦景区连锁酒店（景洪店）、汉庭酒店（孔雀湖店）、如家快捷酒店（曼听路曼听公园店、民航路店）。

 推荐游玩路线

D1： 曼听公园→橄榄坝傣族园→澜沧江畔。
D2： 中科院植物园→望天树。

云南西双版纳傣族园泼水狂欢

南西双版纳勐泐大佛寺

橄榄坝傣族园每天下午有傣族歌舞表演和泼水狂欢活动。

还可以去勐泐大佛寺、野象谷、曼丹村、磨憨口岸等地游玩。

市区去往各个景点的班车基本上在西双版纳客运站（翻胎厂客运站）发车。当然也可以打车或包车前往各景点。

 美食

烤鱼、酸笋、炸牛皮、香竹饭、睡印椰、菠萝饭、舂鸡脚等。

 推荐餐馆

耶得纳茶餐厅、财春青、啰啰冰屋（总店）、傣味美食园、曼听小寨玉丙黎明傣家烧烤。

本条旅游线路到此为止，大家可以在西双版纳选择合适的交通工具回家或先到昆明，然后再从昆明回家。

云南西双版纳望天树景区空中走廊

线路五

昆明→大理→腾冲→瑞丽→昆明

昆明 ⟶ 大理

（详见访秋之旅线路九）

从大理到腾冲可坐飞机或直达班车，也可以先坐班车到保山，然后转车到腾冲。

云南腾冲热海景区

云南腾冲玉泉园

腾冲

　　腾冲，位于云南省保山市西南部，西部与缅甸毗邻，历史上曾是古西南丝绸之路的要冲。二战中，中国军民在这片热土上抗击日本侵略军，首创全歼侵略者，捍卫了中华民族的尊严。 腾冲地处欧亚大陆板块与印度大陆板块交汇处，地壳运动活跃，所以腾冲现有 70 多座死火山，并留下许多火山产生的地质遗迹。

推荐游玩时间：3 ~ 4 天，建议住腾冲县城或和顺古镇。

 推荐住宿地

　　腾冲官房大酒店、腾冲聆荷·渡·璞缇客和顺全景客栈、腾冲和顺悦己情感客栈、和顺荷塘月色湿地全景客栈、和顺总兵府、如家快捷酒店（腾冲东方路店）、云上四季连锁酒店（腾冲光华东路店）。

 推荐游玩路线

D1：腾冲火山国家公园（大空山、小空山、柱状节理、黑鱼河）。

D2：热海景区→北海湿地。

D3 ~ D4：国殇墓园→和顺古镇。

腾冲地热资源丰富，有许多优质温泉，游客在游玩之余可泡温泉。

腾冲和顺古镇洗衣亭

腾冲和顺古镇洗衣亭

腾冲和顺古镇古建

　　和顺古镇内依然保有传统的文化和建筑，除了环境优美之外，也是一个文化之乡，被评为全国十大魅力名镇并荣获唯一的年度大奖，值得多住两天。

美食

　　大救驾（炒饵块）、饵丝、干腌菜、稀豆粉、头脑、大薄片等。

推荐餐馆

　　玉泉园、和顺人家。

腾冲→瑞丽

　　从腾冲到瑞丽可坐直达班车。也可以先坐车到芒市，然后转车到瑞丽。

云南腾冲大空山

云南腾冲国殇墓园

云南腾冲柱状节理

云南腾冲北海湿地

瑞丽

瑞丽，美丽的边境口岸城市，隶属于德宏傣族景颇族自治州，位于滇缅公路与中印公路（史迪威公路）的交汇处。西北、西南、东南三面与缅甸山水相连，村寨相望。

推荐游玩时间：1～2天，建议住市中心。

 推荐住宿地

瑞丽斯达沃大酒店、瑞丽悦客来大酒店、瑞丽和盛大酒店、瑞丽佳宁娜精品酒店、瑞丽旺府大酒店、如家快捷酒店快捷酒店（卯喊路店）。

 推荐游玩路线

勐巴娜西珍奇园、姐告口岸、畹町、一寨两国、边贸街。
还可以去独树成林、姐勒金塔、南甸土司衙门等地游览。

 美食

泡鲁达、撒苤、凉拌豆粉、牛肉丸子等。

 推荐餐馆

步步冷饮店、盘中餐、金螃蟹。

游完瑞丽，这条旅游线路结束，大家可以坐车到芒市，乘飞机到昆明或回家，或坐瑞丽到昆明的直达班车到昆明，然后选择合适的交通工具回家。

瑞丽一寨两国

瑞丽一寨两国水井

瑞丽独树成林

瑞丽畹町桥

线路六

台湾环岛游

台湾，中国的宝岛，西隔台湾海峡与福建省相望。高山族是台湾省最早的居民和最主要的少数民族。台湾传承并发扬着中华文化的深厚底蕴，将时尚与古朴完美融合，是著名的旅游胜地。

　　这里说的是自由行，仅限于开通了台湾自由行的城市的居民。如果所在城市没有开通到台湾的自由行，那么去台湾就只能报团前行了。

　　自由行之前，需要办好证件，包括"大陆居民往来台湾通行证"（简称"大通证"）和"台湾地区入出境许可证"（简称"入台证"）。"大通证"（期限6个月）在游客所在城市的出入境管理局办理，并要进行一次签注；"入台证"（期限3个月）需委托旅行社办理，淘宝上和一些旅游网站也有帮忙办理的（含保险）。办好两证后，请在期限内出行，第一次入台的期限是15天，从到达台湾后第二天开始计算。

　　从大陆到台湾的交通工具：有飞机和轮船。飞机的航线有直飞和在香港转机，轮船则是在福建的福州、厦门、泉州等地每日均有定期航班直达金门与马祖，即"小三通"。

 交通

台湾的公共交通包括：

　　1. 高铁（西线，台北到高雄）。

　　2. 台铁，分四种列车：自强号（停大站，速度快，票价稍贵）、莒光号（停站较多，速度比自强号慢，票价中等）、复兴号和区间车（运行距离短，票价 便宜）；捷运（只有台北和高雄有）。

　　3. 巴士（即公交车，要注意的是，等车时，所乘车进站前需举手示意，下车要提前按铃），可买悠游卡（交通卡）。

　　4. 客运、台湾好行：就是中长途班车。

　　5. 出租，有4人和6人座的车。

台北 101 大厦

台北故宫

台北国父纪念馆

台北中正纪念堂

以下提供的线路，是环岛游，老年朋友可根据自己的情况取舍。

👍 推荐游玩路线

D1 ~ D2：台北：台北故宫→士林官邸→西门町→中正纪念堂→国父纪念馆→台北 101 大楼→士林夜市。

还可以去龙山寺、师大夜市、剥皮寮老街、诚品书店、北投温泉、Robot Kitty 未来乐园、松山文创园等地方游玩。

👍 推荐住宿地

建议在台北车站、西门町等地近捷运站点的地方住宿。

天阁酒店（台北信义馆）、台北神旺大饭店、台北丽都唯客乐饭店、台北友友大饭店、台北云鼎商务旅店、台北西悠饭店。

👍 美食

牛肉面、鸡排、芋圆、蚵仔煎、卤肉饭、花枝、盐酥鸡、蚵仔米线、大肠包小肠、甜不辣、猪血糕等。

👍 推荐餐馆和夜市

食养山房、鼎泰丰（信义店）、士林夜市、饶河街夜市。

推荐游玩路线

D3： 台北→新竹→台中。

新竹可去国立清华大学，宿台中。

 推荐住宿地

台中宝岛 53 行馆、台中绿柳町文旅。

 推荐游玩路线

D4： 台中→日月潭→文武庙→逢甲夜市。

如有时间，还可以去清境农场、青青草原等地游玩。

台中有到日月潭的直达班车，建议住台中。

 美食

鸡排、咸酥鸡、麻叶羹、腌芭乐等。

 推荐餐馆和夜市

春水堂、逢甲夜市、忠孝路夜市、中华路夜市。

台湾日月潭

台湾日月潭

台湾日月潭

老有所**乐**
——爷爷奶奶去哪儿

推荐游玩路线

D5: 台南：延平郡王祠、赤崁楼、安平古堡、大东夜市等。

推荐住宿地

台南大饭店、台南黄色风筝、台南·巧家。

美食

台南蔡虱目鱼、鳝鱼意面、棺材板、虱目鱼肚粥等。

台湾台南安平樹屋

台湾垦丁 闽南式建筑群
台湾垦丁

推荐游玩路线

D6：高雄→西子湾→打狗英国领事馆→高雄爱河→真爱码头→高雄85大楼→历史博物馆→美丽岛站→六合夜市等。

推荐住宿地

高雄君鸿国际酒店、高雄宫赏艺术大饭店、高雄阳光大饭店、高雄秝芯旅店。

美食

蚵仔煎、阿啰哈卤味、木瓜奶茶、臭豆腐、棺材板、下卷、乌鱼子等。

推荐游玩路线

D7：东港→小琉球。

小琉球是台湾南部一个小岛，是台湾省附近属岛中唯一的珊瑚礁岛屿，早在清朝时代，"琉球晓霞"的风景，就已经名列南台湾八景之一。游人不多，建议住岛上。

推荐游玩路线

D8～D9：垦丁→垦丁国家公园→岛海滩→鹅銮鼻灯塔→台湾最南点→小湾→龙磐公园（看日出）→垦丁大街等。

推荐住宿地

建议住垦丁大街附近或山顶上。

屏东垦丁凯撒大饭店、垦丁俪山林会馆、垦丁南湾度假饭店。

美食

鱼生、猪脚、小杜包、小米酒、虾酱、炒饭等。

老有所乐
——爷爷奶奶去哪儿

推荐游玩路线

D10 ~ D11： 花莲→太鲁阁峡谷→七星潭。建议住民宿，可报一日游。

推荐住宿地

花莲阿思玛丽景大饭店、花莲天玺商务饭店、花莲统帅大饭店。

美食

直接去沟仔尾夜市品尝美食。

台湾太鲁阁大峡谷

推荐游玩路线

D12： 九份：很有特色的城市，侯孝贤的电影《悲情城市》就在此取景。因为九份 是山城，建议在高的地方住。可去金瓜石黄金博物馆和九份老街游览。

推荐住宿地

新北九重町客栈、新北九份缘忆民宿。

美食

芋圆、草仔粿、红糟肉圆、鱼羹等。

台湾九份夜市

台湾九份

推荐就餐地

阿柑姨芋圆 、鱼丸伯仔、深坑臭豆腐 、旧道口牛肉面、九份老街。

推荐游玩路线

D13： 基隆→野柳→三芝：野柳地质公园，富贵角灯塔。

推荐住宿地

基隆长荣桂冠酒店、基隆华帅海景饭店。

美食

基隆庙口夜市。

台湾野柳地质公园

台湾野柳地质公园

推荐游玩路线

D14： 三芝→淡水→台北。

旅游地

淡水老街、红毛城、渔人码头。
这条旅游线路到此结束，大家可在台北乘飞机回家。

线路七

温泉之旅

在冬天，老年游客可前往一些有温泉的地方旅游，养生、避寒和旅游，一举多得。

我国知名的温泉

1. 海南保亭县七仙岭温泉
2. 台北北投区阳明山国家公园的北投温泉
3. 吉林长白山温泉
4. 宁波宁海县城西北天明山中的南溪温泉
5. 黄山脚下的汤口温泉
6. 云南腾冲的温泉
7. 广州北部的从化温泉（又名流溪河温泉）
8. 辽宁兴城的温泉
9. 河北乐亭月坨岛海上温泉
10. 武汉咸宁温泉
11. 云南昆明安宁温泉
12. 辽宁鞍山市汤岗子温泉
13. 江西庐山温泉
14. 南京江宁县汤山温泉
15. 贵州息烽县的息烽温泉

还有一些著名的温泉在高原地区，如西藏羊八井温泉等，在此就不推荐老年朋友前往了。